Kinder fordern uns heraus
Ratgeber für die Familie bei Klett-Cotta

RENATE HÖRBURGER

Selbstbewußtsein

Wie Erwachsene sich
und ihre Kinder stärken

KLETT-COTTA

Klett-Cotta
www.klett-cotta.de
© 2001 by J. G. Cotta'sche Buchhandlung Nachfolger GmbH,
gegr. 1659 Stuttgart
Alle Rechte vorbehalten
Umschlag: Peter Jürgen Kahrl, Neustadt/Wied
Gesetzt in der 10 Punkt Melior von O. A. D. F., Altdorf
Gedruckt und gebunden von CPI – Clausen & Bosse, Leck
ISBN 978-3-608-91025-4

Vierte Auflage, 2014

Bibliografische Information der Deutschen Nationalbibliothek
Die Deutsche Nationalbibliothek verzeichnet diese Publikation in der
Deutschen Nationalbibliografie; detaillierte bibliografische Daten sind
im Inetrnet über <http://dnb.d-nb.de> abrufbar.

Inhalt

Kapitel 1
Wie macht sich ein Mangel an
Selbstbewußtsein bemerkbar?

Kapitel 2
Ein Mangel an Selbstbewußtsein kann zu schweren
psychischen und psychosomatischen Erkrankungen
führen

Kapitel 3
Wie sich unser Selbstbewußtsein vergrößert

Kapitel 4
Der Mangel an Selbstbewußtsein
vor dem Hintergrund psychoanalytischer Theorien

Kapitel 5
Der Einfluß der Eltern auf die Entwicklung des
Selbstbewußtseins

Kapitel 6
Suchtverhalten als vergebliche Suche nach
Selbstbewußtsein

Kapitel 7
Fehlendes Selbstbewußtsein kann zu einer asozialen
Gesinnung führen

Kapitel 8
**Anregungen und Ansatzpunkte zur Nachentwicklung
des Selbstbewußtseins**

Kapitel 9
Wie wirkt Psychotherapie?

Kapitel 10
Funktionen des Selbstbewußtseins

Vorwort

Die Lebensqualität eines Menschen ist weitgehend von seinem Selbstbewußtsein abhängig. Ist er ausreichend selbstbewußt, wird er häufiger Befriedigung erfahren als jemand, der an einem Mangel an Selbstbewußtsein leidet. Selbstbewußte Menschen werden als Menschen beschrieben, die wissen, was sie wollen. Weiß jemand über seine echten Bedürfnisse und Wünsche Bescheid, so kann er stimmig fordern und die »richtigen« Fragen an das Leben stellen. »Richtige« Fragen wiederum bewirken »richtige« Antworten – Antworten, die befriedigen. Eine Befriedigung tritt nicht nur ein, wenn Bedürfnisse und Wünsche erfüllt werden, sondern auch dann, wenn negative Antworten erfolgen. Im wesentlichen bedeutet Befriedigung nichts anderes, als sich selbst im Dialog mit der Realität als stimmig erleben zu können. Dadurch können Wünsche losgelassen werden, und es kommt nicht zu einer neurotischen Fixierung auf einen Wunsch. Um Stimmigkeit aber überhaupt erfahren zu können, ist Selbstbewußtsein nötig. Selbstbewußtsein ist sowohl Voraussetzung als auch Ergebnis einer »gesunden« psychischen Entwicklung. Sigmund Freud bezeichnet die Genußfähigkeit, die mit der Fähigkeit, Befriedigung erleben zu können, zusammenhängt, als maßgebliches Kriterium für die psychische Gesundheit eines Menschen.

Wer Befriedigung erfährt, kann innehalten und sich selbst erleben. Letztlich sind es diese Augenblicke, die einen Menschen psychisch strukturieren und stabilisieren.

Befriedigung darf aber nicht mit einem berauschenden Zustand verwechselt werden, der sich gelegentlich als Kennzeichen neurotischen Verhaltens einstellt. In solche Zustände flüchten sich beispielsweise genußsüchtige Menschen und versuchen dadurch ihren Mangel an befriedigenden Erlebnissen auszugleichen. Höhenflüge, ob in der Realität oder in der Phantasie, befriedigen aber nicht wirklich. Sie sind nur die Kehrseite von emotionalen Abstürzen, die den Höhenflügen unweigerlich folgen.

Wie gut sich das Selbstbewußtsein eines Menschen entwickeln kann, hängt maßgeblich von seiner Erziehung ab, das heißt von der Quantität des Selbstbewußtseins seiner Eltern, seiner nächsten Bezugspersonen, seiner wichtigsten Verwandten. Erziehung zum Selbstbewußtsein fordert von Eltern und allen Erziehenden, fähig und bereit zu sein, das eigene Selbstbewußtsein zu vergrößern. Ansonsten kann ein Mangel an Selbstbewußtsein durch die Erziehung wie eine »Erbkrankheit« weitergegeben werden.

Für wen ist dieses Buch geschrieben? Für alle, die glauben, selbst an einem Mangel an Selbstbewußtsein zu leiden, und sich deshalb für dieses Thema interessieren. Insbesondere richtet es sich aber an Eltern, Erzieher und Helfer, die mit Kindern konfrontiert sind, die über kein ausreichendes Selbstbewußtsein verfügen. Dies sind in der Regel Menschen, die bei der Erziehung ihrer Kinder laufend an ihre Grenzen stoßen und dadurch herausgefordert sind, sich mit ihrem eigenen Selbstbewußtsein zu befassen. Es ist ein Versuch, bei Erziehungsproblemen den Blick darauf zu richten, ob sich Erwachsene ändern können und wie dies geschieht. Schaffen es beispielsweise

Eltern, blinde Flecken in ihrem Selbstbewußtsein zu erkennen und zu überwinden, so kann dies zum größten Anstoß für eine positive psychische Weiterentwicklung des
Kindes werden. Verändern, erweitern und vertiefen Eltern
ihr Selbstbewußtsein, wird sich immer die Beziehung zum
Kind neu beleben. Dies ist besonders für Kinder im vorpu-
bertären Alter von Bedeutung, da bis zur Pubertät in der
Regel die Eltern als Hauptbezugspersonen den größten
Einfluß auf die Kinder ausüben.

Leiden erwachsene Menschen an einem mangelndem
Selbstbewußtsein, können sie mit therapeutischer Hilfe
ein Stück weit für ihre eigene »Nacherziehung« sorgen.
Manchmal gelingt es ihnen auch, von sich aus das Selbst-
bewußtsein zu stärken. Kinder, die an einem Mangel an
Selbstbewußtsein leiden, bleiben aufgrund ihrer realen
Abhängigkeit von den Eltern oft trotz therapeutischer
Behandlung in ihrer psychischen Entwicklung einge-
schränkt.

Auffälliges Verhalten stellt häufig einen hartnäckigen
Versuch von Kindern dar, ihre Eltern zu mehr Selbstbewußtsein zu erziehen. Aus diesem unglückseligen Rol-
lentausch entspinnt sich nicht selten ein neurotischer
Teufelskreis, der über lange Zeit fortwirkt. Selbst wenn
diese Kinder schon lange Eltern sind, versuchen sie immer
noch ihre Eltern nachzuerziehen. Dies geschieht meist unbewußt und äußert sich darin, daß sie auf keinen Fall die
Fehler machen wollen, die sie ihren Eltern noch immer
nicht verziehen haben. Erziehung zum Selbstbewußtsein
gelingt aber nur schwer aus der Position der kindlichen
Abhängigkeit, in der sich solche Eltern aber immer noch
befinden.

Durch ein verstandesmäßiges Erkennen von Zusammenhängen zwischen dem Erziehungsstil der Eltern und

dem Verhalten der Kinder können Eltern Anregungen erhalten, ihr Selbstbewußtsein zu vergrößern. Dies ist aber nur ein erster Schritt. Entscheidend ist, ob der Mensch es wagen kann, sich auf nahe Beziehungen einzulassen. Wirkliche Nähe zu einem anderen Menschen setzt nämlich voraus, daß die Nähe zu den eigenen Gefühlen ertragen werden kann. Erwachsene, die beispielsweise beklagen, daß sie nicht an ihre Kinder herankommen, müssen zuerst versuchen, ihre eigenen abgewehrten Gefühle zu erkennen. Gelingt dieses schwierige Unterfangen, können Eltern mit einem neuen Selbstbewußtsein besser bei ihren Kindern ankommen, da sie echter und damit glaubwürdiger geworden sind. Neurotische Entwicklungsstörungen der Kinder können so gebessert werden. Beide, Kinder und Eltern, können sich durch eine neue Beziehungsqualität psychisch weiterentwickeln und übermäßige gegenseitige Abhängigkeiten und Verstrickungen abbauen.

Häufig müssen Menschen, besonders in ihrer Partnerschaft oder bei der Erziehung ihrer Kinder, die schmerzliche Erfahrung machen, daß ein guter Wille nicht ausreicht. Mütter, Väter, Erzieher, Ehepartner versuchen oft hartnäckig und mit einem beispiellosen Optimismus, einem Ideal gerecht zu werden. Es kann für ein Kind einen großen Segen bedeuten, wenn die Mutter ihr Bemühen, die perfekte ideale Mutter zu sein, endlich aufgibt und sich dem Kind so zuzumuten beginnt, wie sie wirklich ist. Kinder verfügen normalerweise über gute Antennen und spüren es, wenn ihnen etwas vorgemacht wird. Sollen Kinder zum Selbstbewußtsein erzogen werden, ist es unerläßlich, die Funktion dieser feinen emotionalen Antennen durch Bestätigung zu stärken. So lernen Kinder, sich selbst zu vertrauen, und Erwachsene können wiederum durch die Reaktion der Kinder dazulernen und erfahren, wer sie

sind. Können sich die Erwachsenen im Dialog selbst annehmen und zu sich stehen, so entsteht Erziehung als
stimmiger Prozeß, bei dem die Suche nach sogenannten
Patentrezepten aufgegeben werden kann.

KAPITEL 1

Wie macht sich ein Mangel an Selbstbewußtsein bemerkbar?

Hemmungen und verzögerte Reaktionen

Wenn Menschen darüber klagen, daß sie zuwenig Selbstsicherheit haben, kein stabiles Selbstwertgefühl besitzen oder mit Komplexen behaftet sind, so bedeutet dies in erster Linie, daß sie oft nicht wissen, wie sie sich verhalten sollen. Dies führt zu Hemmungen. Ihr Auftreten wird unsicher, verklemmt und verkrampft. Besonders in entscheidenden Situationen macht sich ein schwaches Selbstbewußtsein als schlagartig einsetzendes, diffuses Spannungsgefühl bemerkbar. In diesen Situationen wird deutlich, daß Menschen die eigenen Gefühle zu wenig klar erleben können, da sie – aus welchen Gründen auch immer – den Zugang zu ihren Gefühlen abblocken müssen. Die Unsicherheit wird als Hilflosigkeit wahrgenommen und kann sich bis zu einer momentanen Orientierungslosigkeit steigern. Den betroffenen Menschen ist es unmöglich, sich eindeutig zu verhalten. Oft sind sie unfähig, Entscheidungen zu treffen, und sie handeln nur sehr zögerlich.

Bei mangelndem Selbstbewußtsein stehen diese unangenehmen psychischen Befindlichkeiten im Vordergrund. Meistens werden sie von verschiedenen körperlichen Symptomen begleitet.

Die folgenden Beispiele sollen einen Eindruck vermitteln, wie sich diese Selbstunsicherheit bemerkbar machen kann.

»Während eines entscheidenden Tennisspieles«, berichtet ein junger Mann, »wenn andere normalerweise gegeneinander kämpfen, kommt es mir so vor, als wäre ich neunzig Prozent der Zeit damit beschäftigt, gegen mich selbst zu kämpfen. Den Rest der Zeit kann ich dann auch vergessen.« Im Vorfeld male er sich zwar immer wieder aus, wie er siege, ja er fiebere den Matches sogar regelrecht entgegen. Kurz vor Spielbeginn verlasse ihn jedoch jegliche Lust an der Auseinandersetzung, und er fühle sich irgendwie nicht präsent, gewissermaßen außer sich, wie gelähmt.

Es ist weniger die Angst, das Spiel zu verlieren, die den Mann quält. Er hat vielmehr das Gefühl, in sich selbst verstrickt zu sein und sich während des Spiels nicht richtig entfalten zu können.

Eine junge Studentin erzählt, daß sie jedesmal wenn sie sich von einem Mann angesprochen fühle, in Panik gerate. Sie mache dann Dinge, die ihr im nachhinein ein Rätsel seien. »Ich bin dann buchstäblich nicht mehr ich selbst und verbaue mir dadurch jede Chance, einen dieser Männer kennenzulernen«, klagt sie.

Eine Realschullehrerin, die sich fachlich und methodisch-didaktisch sorgfältig auf ihren Unterricht vorbereitet, verbringt ihre Nachmittage regelmäßig damit, zu rekonstruieren, wo sie sich vormittags, während des Unterrichts, falsch verhalten hat. »Im nachhinein«, sagt sie, »weiß ich ganz genau, wie ich mich hätte verhalten müssen. Im entscheidenden Augenblick stehe ich jedoch völlig auf der Leitung und mache genau das Falsche.« Abends rafft sie sich dann wieder in einem beispiellosen Optimismus auf, um sich erneut für den nächsten Tag vorzubereiten. Ihr schmerzliches Grundgefühl ist, irgendwie blockiert zu sein und aus ihren Fehlern nichts zu lernen.

Entscheidende Situationen sind jene, in denen wir auf irgendeine Art und Weise angesprochen, mit etwas konfrontiert, zum Dialog mit der Umwelt aufgefordert werden.

Wenn wir in diesem Dialog stimmig reagieren wollen, müssen wir psychisch präsent, d. h. bei vollem Bewußtsein und in der Lage sein, unsere wirklichen Bedürfnisse und Wünsche zu spüren. Nur wenn wir einigermaßen klar spüren können, was wir brauchen und wollen, und nicht bloß diffuse Spannungsgefühle wahrnehmen, können wir uns öffnen. Erst dann können wir uns richtig verhalten, d. h. der Konfrontation stellen und uns mit unserer Umwelt auseinandersetzen.

Viele Eigenschaften, die man selbstbewußten Menschen zuschreibt, besitzen Menschen mit einem mangelndem Selbstbewußtsein nur sehr begrenzt. Dazu gehört es beispielsweise, in entscheidenden Situationen geistesgegenwärtig zu sein und dabei locker und entspannt bleiben zu können. Selbstsicheres Auftreten, Schlagfertigkeit und Spontaneität zeichnen selbstbewußte Persönlichkeiten aus.

Es gibt gängige Beispiele für Menschen, die nicht selbstbewußt reagieren können: etwa die kategorischen Jasager, die kaum jemandem etwas abschlagen können und die sich lieber aufgrund von Überforderung in eine Krankheit flüchten, oder Vorgesetzte, die immer in entscheidenden Situationen gegenüber ihren Mitarbeitern in die Rolle des

»wilden Mannes« bzw. der »wilden Frau« schlüpfen müssen. Da sie dabei jedoch nicht mit sich selbst in Einklang stehen, fehlt es ihnen an Nachdruck, und sie können sich nicht durchsetzen. Oder die Mitarbeiter, die von ihren guten Ideen überzeugt sind, sich aber nicht dazu durchringen können, diese im richtigen Moment wirkungsvoll zu präsentieren. Zunehmend verbittert ziehen sie sich zurück, hadern mit sich selbst und werfen den anderen vor, sie zu übergehen und nicht richtig verstehen zu wollen.

Auch ihnen gelingt es wie dem eingangs erwähnten Tennisspieler nicht, sich kämpferisch zu behaupten und sich stimmig mit ihrer Umwelt auseinanderzusetzen.

Uns allen sind solche Situationen mehr oder weniger vertraut, denn den durch und durch selbstbewußten Menschen gibt es nicht. Ob der Mangel an Selbstbewußtsein zu einer psychischen Störung wird, hängt davon ab, wie häufig wir in Situationen geraten, in denen wir uns wehrlos und ausgeliefert fühlen. Geschieht es allzu oft, daß wir, anstatt zu spüren, was wir wollen, unangenehme diffuse Spannungsgefühle haben, verpassen wir zu viele Chancen, um uns mit der Umwelt auseinanderzusetzen. Dabei gerät unsere psychische Weiterentwicklung und Entfaltung ins Stocken, denn sie kann ausschließlich im Dialog mit der Umwelt erfolgen.

Menschen, die nach allgemeinem Verständnis an mangelndem Selbstbewußtsein leiden, besitzen in der Regel immerhin soviel Selbstbewußtsein, dies zu erkennen, sich selbst als blockiert und unstimmig wahrzunehmen. Sie spüren sehr deutlich, daß etwas nicht so ist, wie es sein sollte, haben dieses Problem nicht weiter verdrängt und sind darauf ansprechbar. Dies ist eine günstige Voraussetzung für die Therapie, reicht allein jedoch nicht aus, um den Mangel zu beheben (siehe Kap. 8, Anregungen

und Ansatzpunkte zur Nachentwicklung des Selbstbewußtseins).

Mangelndes Selbstbewußtsein weist meines Erachtens
immer auf bestehende Blockaden hin, die die psychische
Weiterentwicklung eines Menschen behindern. Deshalb
spielt der Zustand, sich selbst als blockiert, gehemmt oder
behindert zu empfinden, eine große Rolle.

Sich verstellen müssen, nicht echt sein können

Mit der psychischen Entwicklung eines Menschen nimmt
sein Selbstbewußtsein im allgemeinen zu. Das Selbstbewußtsein ist so etwas wie ein Gradmesser dafür. Zeigt er
ein ausreichendes Selbstbewußtsein, so können wir davon
ausgehen, daß er in seiner psychischen Entwicklung von
Anfang an gefördert und im Laufe der Jahre kaum beeinträchtigt wurde. Seine psychische Entwicklung befindet
sich im Fluß, und er wird sich kaum Gedanken über sein
Selbstbewußtsein machen. Anders jemand, dem es an
Selbstbewußtsein mangelt und der darunter leidet. Seine
psychische Entwicklung ist verzögert, er macht sich vielleicht Gedanken über diesen Mangel und entwickelt ein
Problembewußtsein, oder er hat dieses Leiden verdrängt
und deshalb weitere psychische oder körperliche Symptomatiken entwickelt. Er leidet dann beispielsweise an einer
Phobie oder an vegetativen Kopfschmerzen oder sogar an
beidem.

Manche Erwachsene besitzen weniger Selbstbewußtsein als Kinder. Sie sind in ihrer psychischen Entwicklung
stark verzögert. Wären sie in ihrer körperlichen Entwicklung derart zurückgeblieben, würde dies sofort augen-
fällig. Einen Mangel an Selbstbewußtsein kann man zu-

nächst einmal verbergen, was vorteilhaft erscheint. Die Energie, die aufgewendet werden muß, um »Theater zu spielen« und sich in der Öffentlichkeit keine Blöße zu geben, ist jedoch beachtlich, und die Betroffenen geraten im Laufe der Zeit gewaltig unter Druck und fühlen sich zunehmend ausgelaugt. Sie laufen ständig Gefahr, in Situationen zu geraten, denen sie nicht gewachsen sind und die sie überfordern. Ein Teufelskreis beginnt.

Da sich die Anstrengungen, die sie unternehmen müssen, um sich zu verstellen, gleichsam verselbständigen und beinahe automatisch ablaufen, können sich diese Menschen nicht mehr vor dem Hintergrund der jeweiligen Lebenssituation authentisch erfahren. Unser Selbstbewußtsein kann jedoch nur wachsen, wenn wir uns in bezug auf die Realität als echt erleben. Es zeichnet sich also das Dilemma eines mißglückten Kompensationsversuches ab.

Je besser es jemandem gelingt, seinen Mangel an Selbstbewußtsein zu überspielen, um so mehr gerät er zwangsläufig in die Rolle eines Hochstaplers, der ständig fürchten muß, entlarvt zu werden. Er fühlt sich in einer Zwickmühle, von den anderen verfolgt. Starke Rückzugswünsche treten auf, er möchte endlich wieder »zu sich kommen«. Dies ist typisch für Menschen mit einem schwachen Selbstbewußtsein, denn sie leiden vor allem daran, nicht in ausreichendem Maße bei sich selbst zu sein. Daher rühren die starken Rückzugswünsche mit dem Verlangen, zu sich selbst zu finden. Selten haben sie das Gefühl, ihr wahres Gesicht zu zeigen. Dazu gehören die echten Wünsche und Absichten, zu denen ein Mensch mit mangelndem Selbstbewußtsein nicht stehen kann. Entweder konnten ihm diese nie richtig bewußt werden, oder er hat eine gewisse Ahnung davon, muß sie aber abwehren, da er Angst hat, daß er von der Umwelt abgelehnt wird, wenn er sein wahres Gesicht zeigt. Beide Probleme wurzeln in frühen unstimmigen Erfahrungen im zwischenmenschlichen Bereich.

Ein Mangel an Selbstbewußtsein entsteht dort, wo jemand in erster Linie nicht der Umwelt, sondern sich selbst etwas vormachen muß, da er ein Stück Realität nicht zu seinem Bewußtsein zulassen kann. Hier liegt der Ursprung seiner Unsicherheit. Er weiß zuwenig über sich selbst. Ein Erwachsener, der sich weitgehend richtig einschätzt, hat ein gutes Selbstbewußtsein und befindet sich auf einem angemessenen psychischen Entwicklungsstand.

Um sich psychisch weiterentwickeln zu können, ist es nötig, Konflikte mit der Realität zu durchleben. Wenn jemand aber diesen Konflikten aus dem Weg gehen muß, gibt es für ihn die Möglichkeit, seine eigenen Wünsche zu ignorieren und damit abzuwehren. So kann er, wenn er das Gewünschte nicht bekommt, so tun, als habe er es gar nicht gewollt, und damit die Frustration vermeiden. Dieses Grundmuster der Verdrängung beruht auf der Verleugnung der eigenen Gefühle und Wünsche. Meist wird dieses neurotische Verhaltensmuster sehr früh innerhalb der Beziehung mit wichtigen Bezugspersonen ausgeprägt. Es schaltet zwar den drohenden äußeren Konflikt aus, führt jedoch zwangsläufig bei der betreffenden Person zu einem psychischen Konflikt. Es muß nämlich innerhalb der Psyche eine Abwehrblockade gegen die echten Gefühle und Wünsche errichtet und aufrechterhalten werden. Der Zugang zum emotionalen Wissen über sich selbst wird damit verstellt.

Ein Zustand »wie betäubt«

Häufig beschreiben wenig selbstbewußte Menschen, daß sie Situationen des täglichen Lebens wie im Traum erleben. Ein junge Frau empfand den Großteil ihres Lebens wie einen Film, der vor ihr ablief. Im Verlauf der therapeutischen Behandlung gewann sie zunehmend das Gefühl, in diesem Film mitzuspielen.

Solche unwirklichen Zustände treten auf, wenn jemand sich durch viele Abwehrblockaden psychisch von der Außenwelt abschottet. Vieles kann gar nicht richtig wahrgenommen werden, es ist, als würde man ständig Betäubungsmittel einnehmen. Dies wirkt sich natürlich auf die gesamte Kommunikationsfähigkeit aus.

Ist der Mensch bei Bewußtsein, so ist er psychisch gesehen bei sich und Herr seiner Sinne. Kennzeichnend dafür ist, daß er über seine Sinnesorgane belebende äußere und körperinnere Reize wahrnehmen kann. Das Gegenteil beschreiben wir mit dem Zustand der Bewußtlosigkeit, in dem der Mensch sich seiner nicht bewußt ist und die Realität nicht wahrnehmen kann. Der Mensch kann seinen Bewußtseinszustand allein durch psychische Abwehrtätigkeit verändern. Er kann ihn trüben oder sich gar bewußtlos machen. So stellt sich aufgrund psychischer Aktivitäten ein körperlicher Zustand der Betäubung beziehungsweise auch der Berauschung ein. Ein unklarer Bewußtseinszustand führt häufig zu falschen Wahrnehmungen, so daß jemand überdurchschnittlich oft etwas überhört, falsch versteht oder vergißt. Der Betreffende blendet Bruchstücke der Realität aus, da er Angst hat, diese nicht verdauen zu können.

Ein gedämpfter Zustand von Geistesabwesenheit kippt oft schnell, und es kommt dann zu hektischem, überdrehtem Verhalten. So fallen beispielsweise Kinder, die an Hyperaktivität leiden, in erster Linie aufgrund ihrer motorischen Unruhe auf, Phasen der Geistesabwesenheit und Gedämpftheit sind aber ebenso vorhanden. In beiden Zuständen sind diese Kinder nur schwer ansprechbar, und oft hat man tatsächlich das Gefühl, ein Kind vor sich zu haben, das unter dem Einfluß von Drogen steht. Bei Erwachsenen folgen den Phasen der Betäubtheit oft Phasen einer schwer nachvollziehbaren Euphorie, die einem berauschten Zustand gleichen. Da diese Menschen psychisch zuwenig in ihren realen Gefühlen verankert sind, neigen sie dazu, psychisch abzuheben.

Abgeschlagenheit, Energiemangel

Die Energie, die jemand ständig für seine psychischen Abwehrbarrieren aufwenden muß, steht ihm nicht mehr frei zur Verfügung, und es wird immer mehr Energie erforderlich, je mehr Situationen sich zuspitzen. Dann muß die Abwehr sogar verstärkt und für eine Erhöhung der betäubenden Dosis gesorgt werden. So entwickelt der Betreffende im Laufe der Zeit eine hohe energetische Anspannung, die nicht abgebaut werden kann, da sie nicht dazu dient, Konflikte zu lösen, sondern diese zu vermeiden. Der Mensch kann sich nur dann entspannen, wenn er einen Konflikt bewußt durchlebt und auch die möglicherweise damit einhergehende Frustration angenommen hat.

Für den, der ständig abwehrt, entsteht Dauerstreß – ein negativer Streß, der als Disstreß bezeichnet wird. Im Gegensatz dazu erfährt er bei einer zielgerichteten, zeitlich begrenzten Anspannung, der in der Regel eine Entspannungsphase folgt, sogenannten Eustreß. Der Disstreß führt zu Verkrampfungen, die sich im allgemeinen körperlich niederschlagen. So zeigen etwa Forschungsergebnisse über das am weitesten verbreitete psychoneurotische Krankheitsbild der Depression, daß bei depressiven Menschen eine Abweichung von den Normalwerten der sogenannten Streßhormone vorliegt. Menschen, die nach allgemeiner Auffassung ein mangelndes Selbstbewußtsein aufweisen, leiden zwangsläufig an einer Depression.

Sie haben durch ihre eingeschliffene Abwehrtätigkeit ein unstimmiges Bild von sich selbst. Das falsche Bild ist zugleich Ursache und Folge der übermäßigen Abwehrtätigkeit. Die Menschen sind in einem Teufelskreis gefangen. Auch wenn es im Einzelfall gelegentlich schwer nachzuvollziehen ist, ist ihr Selbstbild immer zu positiv, d. h. sie überschätzen ihre Möglichkeiten, da sie ihre Grenzen nicht sehen können. Das passiert, weil sie Konflikte und Frustrationen vermeiden, die das falsche Selbstbild korrigieren könnten. Paradoxerweise haben also gerade die Menschen, die an einer Depression und gleichzeitig an einem Mangel an Selbstbewußtsein leiden, ein zu positives Bild von sich selbst. Die unüberbrückbare Kluft zwischen der zu hohen Selbsteinschätzung und der Wirklichkeit, mit der sich der Mensch konfrontiert sieht, stellt die Voraussetzung für depressives Leiden dar. Es äußert sich in Gefühlen der Aussichtslosigkeit, des ständigen Auf-der-Stelle-Tretens, der Unfähigkeit, dazuzulernen, und dem Eindruck, immer wieder am gleichen Problem zu scheitern. Diese Gefühle sind Ausdruck von psychischen Blockaden, die bei Menschen mit einem mangelnden Selbstbewußtsein auftreten. Indem man übermäßig abwehrt, ist es in der Psyche zu einem Zustand der Spaltung gekommen. Die Spaltung betrifft psychische Energien, und die Blockaden ergeben sich daraus, daß Energieströme sich konflikthaft gegeneinanderrichten. Bei depressiven Menschen bleibt viel Energie an diesen innerpsychischen Abwehrkampf gebunden. Dies führt zu einem Mangel an frei verfügbarer Energie für kreatives Handeln. Das Gefühl der Abgeschlagenheit und des Sich-nicht-aufraffen-Könnens, um den Teufelskreis zu durchbrechen, ist ein zentrales Problem für die Betroffenen.

Fehlendes Wissen über sich selbst

Das Selbstbewußtsein bedingt ein Wissen über sich selbst, über das Menschen mit einem ausreichenden Selbstbewußtsein in höherem Maße verfügen als diejenigen mit einem Mangel daran. Dabei ist dieses Wissen kein rein verstandesmäßiges. Es resultiert vielmehr aus bewußter gefühlsmäßiger Selbsterfahrung im Zusammenhang mit Wahrnehmungen der Realität. Dabei kann es sich um äußere Bereiche der Realität handeln oder um innere, wie etwa die eigenen Gefühle, die der Mensch nicht nur wahrnimmt, sondern die tief in sein Bewußtsein eindringen können. Dadurch werden in seinem Körper bestimmte biochemische Reaktionen ausgelöst. Der Mensch hat dann das, was er wahrgenommen hat, aufgenommen und verdaut, es hat sich in ihm niedergeschlagen und ihn verändert. Aus diesem im Körper des Menschen über die Zeit abgespeicherten Wissen setzt sich sein Selbstbewußtsein zusammen.

Ein ausführliches Beispiel soll veranschaulichen, was es bedeuten kann, wenn jemand nicht ausreichend über sich selbst Bescheid weiß.

Im Rahmen meiner psychotherapeutischen Tätigkeit
behandelte ich einen zehnjährigen Jungen mit mangelndem Selbstbewußtsein. Sein Selbstbewußtsein hing in
erster Linie von der Frage ab, ob er klug oder dumm sei.
Hier war sein blinder Fleck. Seine gesamte Selbstwahrnehmung war gestört, und seine psychische Entwicklung war beeinträchtigt.
Der Junge verfügte über eine gute Intelligenz, mußte
sich und seiner Umwelt jedoch ständig beweisen, wie
klug er war. In den Behandlungsstunden versuchte er
angestrengt, mich durch seine genialen Ideen zu beeindrucken. Es gab auf intellektuellem Gebiet nichts, was er
sich nicht zutraute, und er gab sich krampfhaft den
Anschein, über alles Bescheid zu wissen. In der Schule
tat er stets so, als habe er alles verstanden, und vermied
es, nachzufragen. Dies führte häufig zu
Mißverständnissen, von denen er kaum abzubringen
war. Trotz seiner Intelligenz hatte er Schwierigkeiten,
sich den Lernstoff anzueignen, und verrannte sich mitunter total. Seine Besserwisserei machte ihn unbeliebt
und bei seinen gleichaltrigen Klassenkameraden schnell
zum Außenseiter. Er zeigte eine deutliche Kontakt- und
Beziehungsstörung, die daher rührte, daß er sich durch
sein Verhalten immer sehr rasch isolierte.

Wie groß seine Angst davor war, dumm dazustehen, wurde deutlich, wenn er seine Alpträume schilderte, wie auch
anhand projektiver Tests, die ich mit ihm durchführte.
Dumm dastehen bedeutete für ihn die Katastrophe
schlechthin, hieß, von den Personen in seiner näheren
Umgebung völlig abgelehnt und ausgegrenzt zu werden.
Es war also verständlich, daß er mit allen Mitteln versuchte, die Vorstellung abzuwehren, er selbst sei dumm und

somit unvollkommen und bedürftig. Um diese Frustration abzuwehren, trug er ständig gleichsam als Abwehrschild sein falsches Selbstbild des Superintelligenten vor sich her. Das Paradoxe war jedoch, daß dieser Junge, gerade weil er sich so bemühte, sich keine Blöße zu geben, oftmals in die Position des Dummen geriet, der abgelehnt wurde und Kritik provozierte. Die Kritik empfand er selbst natürlich als völlig unstimmig und konnte sie nicht annehmen.

Sie betraf ihn deshalb nicht, weil er durch sein falsches Größenselbst, das er vor sich hertrug und dem die Kritik ja eigentlich galt, ständig verstellt war und sich selbst dahinter nicht betroffen fühlen konnte. Allerdings war er so auch gegen jegliche Anerkennung abgeschirmt, so daß gute Noten und Erfolgserlebnisse sein Selbstbewußtsein auch nicht verbessern konnten. Sein blinder Fleck blieb bestehen, denn es gelang ihm nicht, stimmige Beziehungen zu Menschen seiner näheren Umgebung aufzubauen. Da er sich nicht authentisch verhielt, sondern sich permanent verstellen mußte, schaffte er es nicht, sich in zwischenmenschlichen Beziehungen weiterzuentwickeln und auf diesem Wege mehr über sich zu erfahren, was sein Selbstbewußtsein hätte vergrößern können. Er war zutiefst verunsichert, schwankte zwischen euphorischer Selbstüberschätzung und vernichtenden Minderwertigkeitsgefühlen. Es fehlte ihm dabei ein Halt, den er sich hätte schaffen können, wenn er fähig gewesen wäre, Frustrationen anzunehmen.

Das Abwehrverhalten hatte sich bei ihm stark eingeschliffen, denn er hatte nicht gelernt, sich dumm und bedürftig zu fühlen. Daher schien ihm dieser Zustand so bedrohlich. Weder seine Mutter noch sein Vater, so stellte sich im Laufe der Behandlungsgespräche heraus, hatten es vermocht, ihn in diesem Punkt stimmig zu spiegeln, da sie selbst Probleme damit hatten.

Wann immer sie ihren Sohn als dumm empfanden, verstellten sich die Eltern ihm gegenüber und zeigten ihm keine echte Reaktion. Sie taten dies mit den besten Absichten, wollten ihren Sohn schonen und besonders verständnisvolle Eltern sein. Setzte das Kind jedoch seine »dummen« Reaktionen fort, da es keine Frustration erfuhr, platzte ihnen irgendwann der Kragen, und sie beschimpften es aufs heftigste. Der Junge empfand die Frustration, die er jetzt erlebte, als höchst unstimmig und konnte sie nicht mehr annehmen. Den blinden Fleck, der entstand, da er keine stimmige Frustration erlebte, überdeckte er mit einem falschen Selbstbild. Außerdem führte das Verhalten der Mutter dazu, daß sie sich nicht richtig von ihm abgrenzen konnte und es auch ihm nicht gelang, sich abzugrenzen. Er zeigte einer seiner Altersgruppe unangemessene Abhängigkeit von seiner Mutter.

Da er seine echten Gefühle der Unzulänglichkeit permanent abwehrte, spürte der Junge nicht, was er wirklich brauchte, vor allem um sich intellektuell weiterzuentwickeln. Er stand »auf der Leitung«, wußte nicht, was er wollte, und war deshalb widersprüchlich und unzufrieden. Da er ständig verkrampft war und sich nicht entspannen konnte, litt er an Schlafstörungen und war besonders anfällig für Krankheiten.

Ziel der Behandlung mußte es sein, bei dem Jungen den Kontakt zu seinen abgewehrten Gefühlen, Wünschen und Bedürfnissen wiederherzustellen und ihn damit auch wieder in die Lage zu versetzen, mit Bezugspersonen seiner

Umwelt stimmige emotionale Beziehungen einzugehen. Der Junge mußte innerhalb der therapeutischen Beziehung lernen, sich »dumm« zu fühlen.

Jeder Mensch muß sich im Verlauf seiner psychischen Entwicklung als unvollkommen erleben, denn nur dann spürt er, was ihm fehlt und was er wirklich braucht. Der Mensch kann sich dumm fühlen im Sinne von unwissend, aufklärungsbedürftig und ungeübt. Erlebt er dieses Gefühl bewußt, wird ihm auch klar, daß seine echten Bedürfnisse in Wissen, Aufklärung und Übung liegen. Das richtige Spüren, was ihm zur Weiterentwicklung fehlt, macht den Menschen selbstbewußt, auch wenn seine Bedürfnisse noch gar nicht erfüllt sind.

Lassen wir beispielsweise das Gefühl der Dummheit nicht zu, spüren wir nicht, was wir wirklich brauchen. Wir werden unsicher durch die permanente Abwehrhaltung, geraten in Streß und fühlen uns bald wirklich dumm, nämlich im Sinne des althochdeutschen »tumb« (dumpf, taub, stumpfsinnig, orientierungslos). Wir werden, wenn wir die Abwehrhaltung beibehalten, tatsächlich gefühlloser, verschlossener und beschränkter.

Der Junge im beschriebenen Fallbeispiel kam nach und nach zu sich selbst, und indem ihm wiederholt seine Dummheit bewußt wurde, lernte er, sich unvollkommen zu fühlen. Dadurch begann er seine echten Bedürfnisse und Wünsche zu spüren, was ihm Orientierung brachte. Nach und nach wurde er entspannter und verlor das Gefühl, daß etwas nicht stimmte.

Größenphantasien und Minderwertigkeitsgefühle

Nicht immer zeigt sich das falsche Selbstbild eines Menschen so wie bei dem erwähnten Jungen. Manchmal liegt sozusagen die Kehrseite der Medaille obenauf. Der Betreffende versucht dann zu beweisen, wie dumm, wie häßlich, wie ungeschickt, wie untüchtig, wie erfolglos er doch sei. Wenn wir einem solchen Menschen begegnen, wird schnell deutlich, daß auch er nicht im Einklang mit sich ist. Wir versuchen in der Regel, das falsche Selbstbild unseres Gegenübers zu korrigieren, ihm Vorurteile auszureden und ihn durch Lob und Anerkennung aufzubauen. Unsere Einwände kommen jedoch nicht an, sondern bewirken sogar meist noch eine Verstärkung der Abwehr, führen dazu, daß der Betroffene noch mehr an seinem falschen Selbstbild festhält.

Leiden Menschen an einem Mangel an Selbstbewußtsein, sind immer beide Extreme, nämlich Größenphantasien und Minderwertigkeitsgefühle, vorhanden. Da Gefühle, die einem vermitteln, wer man wirklich ist, sich nicht ausreichend entwickeln können, flüchten sich die Betroffenen zwangsläufig in Idealvorstellungen. Die Minderwertigkeitsgefühle stellen dann einen zweiten Abwehrschritt dar, der sich gegen die Idealvorstellungen richtet. Sie bilden ein Gegengewicht, um das psychische Gleichgewicht nicht vollends zu verlieren. Oft schwanken Menschen ständig zwischen den beiden Extremen hin und her. Meist hat sich aber eine Haltung eingeschliffen. Tritt bei einem Menschen hauptsächlich die minderwertige Seite zutage, so ist es oft schwer, auf ein Größenselbst zu schließen. Bei einem schüchternen, gänzlich anspruchslos wirkenden Mädchen zeigte sich das Größenselbst erst nach und nach anhand ihrer Phantasien. Ließ ich sie beispielsweise den idealen Tagesablauf in ihrer Phantasie entwerfen, so wurde sie von der ganzen Familie bedient und zeigte unerwartet hohe Ansprüche. Im realen Leben aber hatte sie diese gänzlich verdrängt. Um eine Veränderung zu bewirken, war es zunächst nötig, ihr ihre großen Ansprüche bewußt zu machen, was der Aufhebung des zweiten Verdrängungsschrittes entsprach.

So zeigt sich bei jemandem, der ständig seine eigene Minderwertigkeit thematisiert, sein Größenselbst lediglich in der viel zu hohen Meßlatte, die er bei sich anlegt. Oft ergibt sich daraus ein »fishing for compliments«. Da die Wirkung dieser provozierten Komplimente aber nur von kurzer Dauer ist und sie nicht wirklich befriedigen können, beginnt der Betreffende erneut zu »fischen«, an der grundlegenden Unsicherheit hat sich nichts geändert.

In manchen Fällen haben Menschen bereits verstandesmäßig erfaßt, wer und wie sie eigentlich sind, können die für sie jedoch frustrierende Tatsache nicht voll bewußt werden lassen.

So erzählte beispielsweise ein Achtzehnjähriger, er wisse sehr wohl, daß er nicht wie Arnold Schwarzenegger aussehe und auch nicht so reich und souverän sei wie dieser. Er könne sich jedoch einfach nicht damit abfinden. So wie er sei, könne er sich nicht annehmen und müsse wohl weiter an seinen psychischen Symptomen leiden.

Der Zustand dieses jungen Mannes ist vergleichbar mit dem einer fünfzigjährigen Frau, deren Mann vor zwei Jahren verstorben war. Verstandesmäßig hatte sie den Tod des Mannes zur Kenntnis genommen. Sie war aber nicht in der Lage, darüber hinwegzukommen, da sie anstehende leidvolle Gefühle nicht zulassen konnte. Sie schwankte zwischen gespielter Gefaßtheit und depressiven Einbrüchen hin und her.

Oft wird eine allgemein bestehende geringe Frustrationstoleranz gegenüber Kränkungen an einem Thema festgemacht. Frauen und Mädchen beispielsweise wählen oft vermeintliche Schwachstellen ihres Körpers. »Wenn ich schlanker, langbeiniger, vollbusiger, schmalhüftiger usw. wäre, dann wäre alles in Ordnung«, lauten dann die immer wiederkehrenden Klagen. Dies dient auch dazu, sich die eigenen Minderwertigkeitsgefühle plausibel zu machen.

Diese Beispiele zeigen, daß manche Menschen in der Lage sind, die Realität zwar wahrzunehmen, es jedoch allein nicht schaffen, sich diese ausreichend bewußt zu machen, um mit der Frustration fertigzuwerden. Ein erwachsener depressiver Patient, der meiner Meinung nach seine Situation gut erfaßt hatte, beschrieb sie mit einem aussagekräftigen Bild: »Eigentlich fühle ich mich wie einer, der nur ein Bein hat, dies aber nicht wahrhaben will. Ich glaube, deshalb falle ich immer wieder auf die Nase.«

Angst vor den eigenen Gefühlen

Der Grund dafür, daß jemand ein Stück Realität nicht bewußt werden lassen kann, ist seine Angst, von den eigenen Gefühlen überflutet zu werden. Wird ein Mensch von einer realen Katastrophe heimgesucht, so ist es für ihn psychisch absolut bedrohlich, die eigenen Gefühle zuzulassen. Da die Kluft zwischen dem, was man erwartet, und dem, was wirklich eintritt, in diesen Situationen zu groß ist, kann die Realität psychisch nicht angenommen werden. Der Mensch wird also, wenn solch ein Unglücksfall

eintritt, automatisch versuchen, seine Gefühle abzublok-
ken, um sich zu schützen. Die psychische Abwehrhaltung
kann in Extremfällen bis zur körperlichen Bewußtlosigkeit
und Gefühllosigkeit führen. Ist ein Mensch nicht in der
Lage, diese Abwehrmechanismen zu seinem psychischen
Schutz einzusetzen, so dringt etwas in sein Bewußtsein
ein, das er nicht einordnen kann. Im schlimmsten Fall
bricht dann das Selbstbewußtsein eines Menschen ausein-
ander, so daß er die Realität auch künftig nicht mehr bewerten kann und ihr entfremdet wird.

Die Notwendigkeit, die eigenen Gefühle abzuwehren,
kann aber auch daher rühren, daß jemand es nicht ausreichend gelernt hat, seine Gefühle bewußt werden zu lassen.
Ist er im Umgang mit seinen Gefühlen dermaßen ungeübt,
so können an und für sich wenig bedrohliche Bruchstücke
der Realität zur persönlichen Katastrophe werden.

Menschen mit mangelndem Selbstbewußtsein haben
aufgrund ihrer niedrigen Frustrationstoleranz mehr Angst
als Menschen mit einem guten Selbstbewußtsein. Sie
sehen sich häufiger mit persönlichen Katastrophen konfrontiert. Da sie im Abwehren von Gefühlen geübt sind,
entwickeln sie Strategien, um das Übermaß an Angst in
Schach zu halten. Angst kann beispielsweise durch eine
Flucht nach vorn abgewehrt werden. Der Betreffende wird
dann sich und seiner Umwelt stets beweisen, wie mutig er
ist. Viele Menschen mit einem Mangel an Selbstbewußtsein sind sich aber ihrer Angst bewußt, sie bezeichnen sie
sogar als ihr hauptsächliches Leiden. Sogenannte Angst-
störungen stehen letztlich immer in Verbindung mit abgewehrten Gefühlen, meist mit der Unfähigkeit, sich selbst
stimmig aggressiv erleben zu können. Wenn es nötig wird,
eine Frustration anzunehmen, entstehen im Menschen, je
nachdem wie groß die Frustration subjektiv empfunden

wird, aggressiv destruktive Gefühle. Das Erleben dieser wütenden Gefühle ist nötig, um an den Schmerz, den die Frustration verursacht, bewußt heranzukommen. Kann oder darf die Wut aus irgendeinem Grund nicht erlebt werden, so wird sie als unterschwellige energetische Ladung Angst erzeugen. Eine weitere Form neurotischer Angstabwehr können Zwangshandlungen oder Zwangserkrankungen sein.

Im Gegensatz zur stimmig dosierten Angst, die den Menschen auf eine real bestehende Gefahr aufmerksam macht, bezieht sich die neurotische Angst auf eine innere Gefahr, auf eigene abgewehrte Gefühle, die durchbrechen könnten.

Ein Beispiel dafür war die Angst einer achtzehnjährigen Jugendlichen. Als sie ihren Führerschein machen wollte, bekam sie Panikattacken, wenn sie am Steuer saß. Sie fürchtete, daß sie nie Autofahren lernen könnte. Schließlich zeigte es sich, daß es ihre Hauptangst war, jemanden zu überfahren. Als sie die Zwangsvorstellung entwickelte, sie könnte ihren Vater überfahren, geriet sie außer sich, da sie ihm gegenüber nur positive Gefühle kannte. Nachdem sie in der Therapie ihre abgewehrte Wut auf den Vater und ihre Enttäuschung über ihn bewußt erleben konnte und es ihr klar wurde, daß sie sich von jeher einen anderen Vater gewünscht hatte, verbesserte sich ihr Zustand. Ihre Angst vor dem Autofahren war in Wirklichkeit Angst vor ihren aggressiven Gefühlen gegenüber dem Vater.

Lernt ein Kind im Verlauf seiner psychischen Entwicklung, seine Gefühle zuzulassen, da es von den Eltern stimmig gespiegelt wird, lernt es den Umgang mit seinen Gefühlen. Es lernt, auf seine Gefühle zu vertrauen und zu bauen, und erlebt klar die daraus entstehenden Handlungsimpulse. Diese bilden die Grundlage für die Persönlichkeitsentwicklung. Wird ein Kind hingegen bei der Annahme der eigenen Gefühle nicht unterstützt, werden sie ihm gar ausgeredet, so wird das Kind unsicher und mißtrauisch gegenüber dem, was es empfindet. Da es eher gelernt hat, Gefühle abzuwehren als anzunehmen, entwickelt sich zwangsläufig eine Angst vor den eigenen Gefühlen. Diese Angst bewirkt, daß Schleusen, die zum tieferen Bewußtsein führen, verschlossen bleiben. So wird verhindert, daß das Selbstbewußtsein wächst und so der neurotischen Angst Selbstsicherheit entgegengesetzt werden kann.

Eines ist sicher: Menschen, die überhaupt keine Angst bezüglich ihrer Selbstwahrnehmung aufweisen, gibt es nicht. Verfügt jemand aber über ein ausreichendes Selbstbewußtsein, so ist er mutig genug, vorübergehend errichtete Blockaden immer wieder zu überwinden. Seine psychische Entwicklung wird in diesem Fall nicht wesentlich beeinträchtigt. Kann die Angst nicht bewältigt werden und bleiben die psychischen Blockaden bestehen, so ist entscheidend, ob dadurch ein negativer Regelkreis wirksam wird. Durch das Abwehren von Gefühlen entsteht immer ein Zuwachs an Angst. Mehr Angst führt zu mehr Abwehr und mehr Abwehr zu einer Behinderung, Selbstbewußtsein zu erlangen. Aus solchen Bedingungen heraus können sich die unterschiedlichsten psychischen und körperlichen Störungen entwickeln.

KAPITEL 2

Ein Mangel an Selbstbewußtsein kann zu schweren psychischen und psychosomatischen Erkrankungen führen

Zur Entstehung von Neurosen, Psychosen, Borderlinestörungen

Die Bandbreite der möglichen Störungen aufgrund mangelnden Selbstbewußtseins reicht von schweren psychischen Krankheitsbildern bis hin zu einem mehr oder weniger »neurotischen« Leiden. Letzteres wurde als mangelndes Selbstbewußtsein, wie wir es im allgemeinen verstehen, definiert. Wie sich der Mangel im einzelnen bemerkbar macht, hängt davon ab, wie gravierend er ist. Dies wiederum wird bestimmt davon, zu welchem Zeitpunkt die Fähigkeit, Selbstbewußtsein zu entwickeln, eingeengt oder gar unterbrochen wurde.

Wenn es einem Kind während der grundlegenden frühen Entwicklungsphasen im emotionalen Dialog mit der Bezugsperson nicht möglich ist, ein Mindestmaß an Selbstbewußtsein auszubilden, treten Schäden auf, die nicht mehr rückgängig zu machen sind. Da die psychische Entwicklung bis zu einem gewissen Grad phasengerecht erfolgen muß, können stark zurückgebliebene Kinder Entwicklungsrückstände nicht mehr aufholen. Aber auch schwer traumatisierende Erfahrungen bewirken besonders bei Kindern, daß das Selbstbewußtsein aus dem Gleichgewicht gerät und dadurch nachhaltig Schaden nehmen kann.

Ob jemand an einer neurotischen oder einer psychotischen Erkrankung leidet, darüber entscheidet seine psychische Verankerung in der Realität. Leidet jemand an einer Neurose, so hat er soviel Realität in sich aufgenommen und soviel Selbstbewußtsein daraus entwickelt, daß sich ein funktionierendes Ich herausbilden konnte. Mit der Hilfe von diesem Ich kann das bereits vorhandene Selbstbewußtsein geschützt werden. Das Ich kann sich sozusagen gegen die bedrohliche Realität wehren, indem es sie verdrängt. Da ein Neurotiker diese ursprünglich positive Fähigkeit aber im Übermaß einsetzen muß, ist sein Ich durch die Verdrängungsarbeit überlastet. Es ist dadurch in seiner Hauptfunktion, die psychische Entwicklung voranzutreiben, behindert. Aus dieser mehr oder minder großen Behinderung ergibt sich das Leiden an einer Neurose.

Bei einer Psychose hingegen konnte das Selbstbewußtsein keine ausreichende Wirkung entfalten, um ein zusammenhängendes und zusammenwirkendes Ich zu erzeugen. Das Ich ist nur in Ansätzen und bruchstückhaft vorhanden, bleibt schwach und leicht irritierbar. Selbstbewußtsein konnte entweder nur unzulänglich entwickelt werden oder wurde durch traumatische Erlebnisse gestört. Die oft als allgegenwärtig bedrohlich erlebte Realität kann nicht verdrängt werden. Die einzige Abwehrmöglichkeit ist ein Abspalten der gesamten Realität und die Flucht in eine wahnhafte Welt. Eine psychische Weiterentwicklung kann so, ohne ausreichende Verankerung in der Realität, nicht stattfinden. Der Betroffene lebt weitgehend in einer psychischen Isolation und ist nicht in der Lage, mit seiner

Umwelt stimmig in einen Dialog zu treten. Während bei einer Neurose die Kommunikation des Patienten mit der Umwelt verzerrt sein kann, ist bei der Psychose die Kommunikation mit der Umwelt so weit »verrückt«, daß der Betroffene sich entfremdet fühlt.

Psychotische Zustände sind also immer Ausdruck einer Störung der menschlichen Psyche, bei der das Ich nicht gegenzusteuern vermag. Es kann die Wächterfunktion zum Schutz des Bewußtseins nicht wahrnehmen. Dies ist der Fall, wenn äußere chaotische Reize so stark sind, daß sie das Ich überwältigen, oder wenn innere Reize, wie etwa starke abgewehrte Gefühle, in das Bewußtsein einbrechen. Säuglinge und Kleinkinder sind besonders gefährdet, gefühlsmäßig in chaotische, existentiell bedrohliche Zustände zu geraten. Hier kann das Ich die Wächterfunktion nicht wahrnehmen, da es noch nicht ausreichend ausgebildet ist. Säuglinge und Kleinkinder sind darauf angewiesen, daß Bezugspersonen sie vor übermächtigen Reizen schützen.

So weisen psychotische Zustände darauf hin, daß etwas Schädliches, für die Psyche Unverdauliches, bereits in tiefe Schichten des Bewußtseins eingedrungen ist und dort chaotische Energien verursacht.

Neurotische Zustände hingegen treten ein, wenn jemand versucht, solch einen Störfall zu verhindern. Was ihm schädlich und unverdaulich vorkommt, wird von seinem Ich bereits im Vorfeld verdrängt und so nicht in tiefere Bewußtseinsschichten zugelassen.

In beiden Fällen muß im nachhinein versucht werden, dem Betroffenen zu helfen, mit dem Schädlichen »fertigzuwerden«. Da traumatisierende Erlebnisse nicht ungeschehen gemacht werden können und Verdrängtes nicht abgeschüttelt werden kann, bleibt das Annehmen die einzige Möglichkeit, um das Schädliche unschädlich zu machen.

Das Verdrängte des Neurotikers ist bei weitem nicht so bedrohlich wie das, was bei einem psychotischen Abwehrvorgang abgespalten wird. Hier fühlt sich der Betroffene immer existentiell ausgeliefert, und daher ist das Chaos der Gefühle das Hauptproblem, und die genaueren Umstände sind erst in zweiter Linie von Bedeutung. Beim Neurotiker sind es die genaueren Umstände, die er nicht wahrhaben will. Für ihn kann oder darf es nicht sein, daß gerade das nämliche eingetreten ist. Er kann eine Frustration nicht annehmen. Sie paßt nicht in sein unrealistisches Selbstbild, an dem er meist schon über Jahre krampfhaft festhält. Durch einfühlsames Spiegeln und Deuten werden in einer Therapie für einen Neurotiker Bedingungen geschaffen, wodurch er mit den verdrängten Tatsachen konfrontiert wird. Hier wird jemand angeregt, verdrängte Gefühle zu erleben, um so seinen psychischen Verdauungsprozeß in Gang zu bringen. Aufgrund seiner Ichstärke ist der Neurotiker in der Lage, diese psychische Verdauungsarbeit zu leisten.

Bei einer psychotischen Störung muß die therapeutische Hilfe an anderer Stelle ansetzen, da im Zustand der psychotischen Abwehr die Psyche gar nicht in der Lage ist, etwas zu verdauen. Hier geht es in erster Linie darum, chaotische Gefühle möglichst vollständig zu beruhigen und anzugleichen. Der Betroffene benötigt mehr psychischen und gegebenenfalls auch körperlichen Halt. Nur dadurch kann das Ich ausreichend gestärkt werden, um hernach Bedeutungsinhalte psychisch zu verdauen, wie es der Neurotiker kann.

Oft werden die chaotischen Energien aber nicht gänzlich beruhigt, und Reste davon bleiben im Bewußtsein bestehen. Wenn sich bei einem Erwachsenen nach einer Traumatisierung ein gewisses Ausmaß an Ichstärke wieder einstellen kann oder es einem Kind gelingt, trotz schwierigster Entwicklungsbedingungen dennoch diese Ichstärke zu erreichen, können psychotische Energien abgekapselt und verdrängt werden. Jemand, dem dies gelingt, baut eine Borderline-Störung auf. Er kann sich dann, wie ein Neurotiker, in eingeschränktem Maße psychisch weiterentwickeln, hat aber psychotische Anteile in seiner Psyche gespeichert. Die Bezeichnung »Borderline« wurde gewählt, da diese Art psychischer Erkrankung »Grenzfälle« zwischen einer neurotischen und einer psychotischen Erkrankung darstellen (siehe Kap. 6).

Zwischen den blinden Flecken im Selbstbewußtsein eines Neurotikers und denen einer Borderline-Persönlichkeit bestehen deutliche Unterschiede. Bei einem Neurotiker befinden sich die blinden Flecken am Rand des Selbstbewußtseins und stellen von dort aus eine Bedrohung seiner Grenzen dar. Bei einem Borderline-Patienten sind die blinden Flecken hingegen tief im Inneren des Selbstbewußtseins. Dort sind sie als abgekapselte psychotische Zustände aufgrund ihrer chaotischen energetischen Ladung in einem ganz anderen Maße bedrohlich. Im Gegensatz zu den blinden Flecken des Neurotikers können sie nur schwer in Schach gehalten werden. Borderline-Patienten leiden daher unter einem brüchigen Selbstbewußtsein, das zu einem hohen Maß an emotionaler Unberechenbarkeit führt.

Was ist angeboren, was ist erworben?

Im Zuge des Fortschritts bei der genetischen Entschlüsselung des Menschen werden immer mehr psychische Krankheitsbilder auf eine genetische Veranlagung zurückgeführt. Dadurch besteht die Gefahr, daß krankmachende, die Entwicklung des Selbstbewußtseins des Kindes behindernde Beziehungsmuster nicht mehr wichtig genommen werden. Aber auch in jenen Fällen, bei denen genetische Faktoren als Ursache überwiegen, ist es von großer Bedeutung, negativ verstärkende Wechselwirkungen in Beziehungen zu erkennen. Ebenso wie ein körperlich behindertes Kind durch die Überfürsorge der Eltern eine zusätzliche Behinderung erfahren kann, können psychisch kranke Kinder, wenn sie zu sehr geschont werden, tiefer in eine psychische Isolation geraten. Für psychisch auffällige Kinder ist in jedem Fall die Förderung des Gefühlskontaktes zur Umwelt wichtig, da dies den Kontakt zu den eigenen Gefühlen verstärkt. Es empfiehlt sich daher für die Eltern, mit diesen schwierigen Kindern deren Gefühle zu teilen, anstatt sie vor diesen zu schützen.

Ein ganz einfaches Beispiel soll dies veranschaulichen. Wenn ein Kind aufgrund einer bestehenden niedrigen Frustrationstoleranz schlecht verlieren kann und deshalb von der Mutter vorsorglich immer in die Position des Siegers manipuliert wird, gerät das Kind noch tiefer in eine psychische Isolation zur Umwelt. Indem die Mutter das Kind vor der Realität schützt, versperrt sie gleichzeitig dem Kind den Zugang zur Realität. Kann sie hingegen die heftigen Gefühle des Kindes bei dessen Niederlage teilen und annehmen und dadurch das Kind trösten, schafft sie für das Kind Bedingungen, einen Entwicklungsschritt zu schaffen.

Eltern psychisch auffälliger Kinder stehen immer wieder vor der Frage, wieviel sie dem Kind zumuten können. In der Regel werden die Fähigkeiten der Kinder gewaltig unterschätzt. Der Hauptgrund für diese Fehleinschätzung liegt aber oft auch darin, daß sich die Eltern ihre eigene geringe Belastbarkeit nicht eingestehen können und diese auf das Kind übertragen. Ein ohnehin schwieriges Kind auch noch zu belasten und es dabei geduldig zu begleiten fordert Eltern und Erzieher nervlich stark.

In dieser Hinsicht stellt das Krankheitsbild des Autismus, einer psychotischen Erkrankung, für Eltern, aber auch für Therapeuten geradezu eine psychische Zerreißprobe dar. Beim Autismus liegt eine frühe, hochgradige und zumindest teilweise irreversible Einschränkung, Selbstbewußtsein zu erwerben, vor.

Der Ausgangspunkt für eine Störung in der Entwicklung des Selbstbewußtseins kann also schwerpunktmäßig im organischen oder im psychischen Bereich liegen. Möglicherweise wird eine angeborene gehirnorganische Schädigung ebenso wie völlig unzureichende, die Psyche schädigende Umweltbedingungen zu identischen psychischen Krankheiten führen. Oft ist es im Einzelfall sehr schwierig, herauszufinden, welche Ebene, die körperliche oder die psychische, zur Verursachung der Krankheit stärker beigetragen hat. Dies sollte in erster Linie durch eine psychotherapeutische Behandlung, die darauf abzielt, das Selbstbewußtsein zu vertiefen, abgeklärt werden. Stellen sich keine Erfolge ein, wird dies die Diagnose zugunsten einer angeborenen Störung untermauern. Wichtig dabei ist, daß die Bedeutung eines Mangels an Selbstbewußtsein richtig eingeschätzt wird und die psychotherapeutische Behandlung auch wirklich dort ansetzt.

Margaret Mahler, eine der bedeutendsten Erforscherinnen kindlicher Psychosen, sieht ebenfalls die Ursache für eine psychotische Erkrankung eines Kindes in der Unfähigkeit des Kindes, über die Mutter zum allerprimitivsten Realitätsbewußtsein zu gelangen. Was sie mit »Realitätsbewußtsein« oder auch als »sicheres Gefühl für die äußere Realität« beschreibt, entspricht dem Selbstbewußtsein. Ihren Untersuchungen zufolge wird die Unfähigkeit des Kindes bereits in den ersten Lebenstagen oder Wochen erworben, oder sie besteht bereits als vorherbestimmtes Defizit. (Mahler, »Symbiose und Individuation«, S. 53)

Auch bei leichteren psychischen Störungen wie etwa dem Hyperkinetischen Syndrom, das besonders im Kindesalter auftritt, geht man davon aus, daß sie sowohl durch geringfügige gehirnorganische Schädigungen verursacht sein können als auch durch negative Umwelteinflüsse wie andauernde Konflikt- und Spannungszustände. Tatsächlich ergibt sich oft eine Mischung aus beiden Faktoren, da bereits geringe bestehende Defizite beim Kind den emotionalen Dialog zwischen Mutter und Kind entgleisen lassen können. Kann etwa ein Säugling auf die Signale der Mutter nur verzögert reagieren und diese wiederum reagiert anstelle von Geduld mit Verunsicherung und Ungeduld, kann ein Teufelskreis entstehen, und die Beziehung wird nachhaltig gestört. Diese frühe Störung kann dann zur Grundlage für die Ausbildung verschiedener Entwicklungsstörungen werden.

Die Unfähigkeit, die Frage, was letztlich angeboren und was erworben ist, klar zu beantworten, konnte in den vergangenen Jahrzehnten besonders deutlich am Beispiel der kontroversen Diskussion über die Entstehung von Schizophrenie beobachtet werden. Immer wieder werden die Schwerpunkte für eine Verursachung der psychotischen Krankheit neu gesetzt. Meines Erachtens hat auch die

Möglichkeit, Gentests durchzuführen, hier keine endgültige Klarheit gebracht.

In der Diskussion, ob genetische Anlagen die Ursache für psychische Erkrankungen sind, kann man neben einigen genetischen Defekten, die zwangsläufig zu einer Erkrankung führen, von einer breiten Grauzone ausgehen, bei der die Frage zu stellen ist, wie wichtig Umweltbedingungen dafür sind, daß negative genetische Anlagen überhaupt abgerufen werden.

Psychosomatische Erkrankungen

Das teilweise noch kaum erforschte Zusammenspiel zwischen organischen und psychogenen, das heißt durch Umwelteinflüsse verursachten Faktoren spielt ebenfalls bei der Betrachtung von psychosomatischen Erkrankungen eine große Rolle.

Bei schweren neurotischen Krankheitsbildern oder Borderline-Störungen kann die körperliche Ebene als Konfliktebene einbezogen werden. Bewältigt jemand die Abwehrtätigkeit gegen einen andrängenden Konflikt oder gegen einen chaotischen Zustand, der aufzubrechen droht, auf der psychischen Ebene nicht mehr, so kann sich diese Konflikthaftigkeit als Abwehrfunktion auf die körperliche Ebene verschieben und als körperliche Erkrankung in Erscheinung treten. Der Körper übernimmt dann, indem er bestimmte Symptome ausbildet, einen Teil der Abwehrtätigkeit. Der Betroffene empfindet so zunächst eine Entlastung im psychischen Bereich, trotz der körperlichen Erkrankung fühlt er sich psychisch häufig sogar entspannt und erholt. Ändert sich jedoch nichts an dem mangelnden Selbstbewußtsein, so wird der Druck immer größer. Dieser

Druck äußert sich bei psychosomatischen Erkrankungen »bewußtseinsfern«, indem die körperliche Symptomatik zunimmt. Nicht selten kommt es dann zu einer chronischen Erkrankung. Der Übergang von psychischem Leiden auf körperliches bedeutet langfristig einen sehr ungünstigen Ablenkungsprozeß. Häufig konzentriert der Patient sich dann nur noch auf seine körperlichen Symptome und verliert immer mehr das Gefühl für die eigentliche Ursache seines Leidens.

Ein »Grenzfall«-Kind

Die Bezeichnung »Borderline« ist als Diagnose für Kinder nicht üblich. Ein Kind kann angesichts frustrierender Situationen leicht in emotional chaotische Zustände geraten, da die Ichfunktionen noch nicht die gleiche Stabilität aufweisen wie die eines Erwachsenen. Kindliches Verhalten ist daher naturgemäß unberechenbarer und kann nicht mit den gleichen Maßstäben wie das Erwachsener beurteilt werden. Das Eintreten psychotischer Zustände ist deshalb bei Kindern und auch gelegentlich bei Jugendlichen weniger als Zeichen einer schweren psychischen Erkrankung zu werten. Wie bereits ausgeführt, stellen für einen Säugling psychotische Zustände die einzig mögliche Form der psychischen Abwehr dar. Aber auch wenn man an die Trotzphase denkt, hat man Kinder vor Augen, die gelegentlich völlig außer sich und nicht mehr bei Sinnen sind. Verhalten sich Erwachsene angesichts frustrierender Situationen in gleicher Weise, empfindet man sie als »gestört«. Ebenso gehören zur psychischen Entwicklung eines Kindes Phasen, in denen magisches Denken verstärkt auftritt. Um die unangenehme Realität abzuwehren, ergeben sich wahnhafte Vorstellungen. Es zeigen sich so Schwachstellen der Ichfunktionen, die dem psychischen Entwicklungsstand des Kindes entsprechen. Wird uns von einem Vierjährigen erzählt, er habe ein Monster gesehen, so wird uns das nicht stark beunruhigen. Wir werden uns spontan dem Kind zuwenden und versuchen, uns in die Geschichte hineinzudenken. Wird uns die gleiche Geschichte aber von einem Vierzigjährigen erzählt, so wird unsere Reaktion ganz anders ausfallen. In der Regel werden wir Angst bekommen und uns distanzieren wollen. Wir haben nicht den spontanen Wunsch, uns in diesen Menschen hineinzuversetzen.

Es gibt bei Kindern besondere Anzeichen dafür, daß sie an krankhaften psychotischen Zuständen leiden. Diese sollen im folgenden Beispiel beschrieben werden.

Ein fünfjähriges Mädchen wird von seiner Mutter vorgestellt. Gründe sind einerseits tyrannisches Verhalten, andrerseits übertriebenes Fremdeln bzw. Angst, von der Mutter getrennt zu werden. Die Mutter gibt an, daß sich das Kind zunehmend in eine Phantasiewelt zurückziehe. Es starre dann vor sich hin, sei nicht ansprechbar und reagiere hochaggressiv, wenn es bei seinem »Bilderschauen« gestört werde.
Die Mutter trägt das Kind ins Behandlungszimmer. Als sie sich setzt, behält sie das Kind auf dem Schoß. Dieses vergräbt den Kopf im mütterlichen Busen und gebärdet sich wie ein ca. acht Monate altes Baby.
Die Unabgegrenztheit des Kindes von der Mutter ist nicht zu übersehen. Das Kind nimmt keinerlei Kontakt zu mir auf und blickt sich auch nicht im Zimmer um.
Es ist offensichtlich, daß dieses Kind kein altersgemäßes Selbstbewußtsein entwickelt hat. Es reagiert nicht pro-

45

gressiv, sondern scheut die Konfrontation mit der Realität und zeigt überdeutlich regressives Verhalten, indem es förmlich versucht, in die Mutter hineinzukriechen. Im Verlauf des Gesprächs wird deutlich, daß im Selbstbewußtsein der Mutter ein blinder Fleck besteht. Die Mutter beginnt ihre Probleme mit der Tochter ausführlich zu schildern. »Demnächst muß die ganze Familie vor dem Frühstück einen Kopfstand machen, damit sie zufrieden ist«, beschreibt sie lachend. Dabei wiegt sie ihr Kind wie ein Baby. Gelegentlich flüstert ihr das Kind etwas ins Ohr. Dann hält sie sofort inne, führt immer wieder liebevoll geduldig Flüsterdialoge mit ihrer Tochter und fährt dann mir gegenüber in der Erzählung fort. Ihre Tochter sei von jeher ein ausgeprägtes »Schreikind« gewesen und habe damit die ganze Familie tyrannisiert. In ihrer Erzählung schwingt aber keinerlei aggressives Genervtsein mit. Vielmehr zeigt die Mutter Verwunderung und Verständnislosigkeit über das Verhalten ihrer Tochter. Es ist so, als wollte sie sagen: »Es ist mir ganz und gar ein Rätsel, wie sich meine Tochter verhält.«

Dadurch, daß die Mutter geradezu »unheimlich« nett und geduldig ist, wird deutlich, daß die Mutter aggressive Gefühle strikt unter Verschluß halten muß. Genauso rätselhaft und fremd, wie ihr das aggressive Verhalten der Tochter erscheint, sind ihr auch ihre eigenen aggressiven Gefühle. Sie kann mit den aggressiven Gefühlen ihrer Tochter »nichts anfangen«, sie nicht stimmig beantworten, da ihr, wie sie selbst sagte, Aggressivität »fremd« sei. Sie kann ihrer Tochter gegenüber nur lieb und verständnisvoll sein. Dort wo aggressive abgrenzende Gefühle ihrer Tochter gegenüber sein sollten, besteht ein großer blinder Fleck, der durch rigide musterhafte Fürsorge übertüncht wird.

Kann eine Mutter das Ausmaß ihrer aggressiven Gefühle dem Kind gegenüber zumindest erkennen, wenn sie auch das stimmige Erleben abwehren muß, so handelt es sich um eine neurotische Abwehr. Das Kind wird als Antwort ebenfalls neurotische Verhaltensmuster entwikkeln. Kann eine Mutter ihre aggressiven Gefühle dem Kind gegenüber überhaupt nicht identifizieren und ist sozusagen ahnungslos, bleibt eine die Psyche des Kindes strukturierende Kraft ausgeschlossen. Dem Kind werden dadurch notwendige stimmige Frustrationen vorenthalten, die in erster Linie durch die Haltung der Mutter vermittelt werden. Fehlt die aggressive Komponente in der Atmosphäre der Mutter, besteht die Gefahr, daß das Kind auf unreifes, unbeherrschtes, geradezu säuglingshaftes Verhalten fixiert bleibt. Ein solcher Rückstand in der Ichentwicklung bedingt dann das Leiden an krankhaften psychotischen Zuständen. Denn jede normale altersgemäße Frustration wird von diesem Kind zwangsläufig als Katastrophe erlebt werden, es ist dadurch ständig der Gefahr ausgesetzt, traumatisiert zu werden. Hätte die Mutter beispielsweise das Kind auf einen eigenen Stuhl gesetzt oder es gar mit mir in der fremden Umgebung alleingelassen, hätte dies bereits eine Traumatisierung des Kindes bedeutet.

Krankhafte psychotische Zustände bei Kindern zeigen sich in erster Linie an dieser durchgängigen überdurchschnittlichen Verletzlichkeit. Sie wird durch ein Anklammern an den mütterlichen Körper sichtbar. Die Gegenwart der Mutter und deren Blickkontakt reichen zur Beruhigung nicht aus.

Des weiteren fehlt die altersgemäße Fähigkeit, mit der Realität stimmig in Kontakt zu treten. So zeigte das fünfjährige Mädchen beispielsweise eindeutig autistische Verhaltensweisen. Als es sich später im Verlauf des Gesprächs mir zuwandte, nahm es keinen Blickkontakt zu mir auf. Es schaute durch mich hindurch, während es stereotyp mit den Händen der Mutter herumspielte.

Aufgrund der Eingeschränktheit, mit der realen Umwelt in Kontakt zu treten, wird als Abwehr der Rückzug in eine halluzinierte Welt eingesetzt. Bezeichnend dafür ist, daß diese Kinder im Gegensatz zu Kindern, die magisches Denken einsetzen, nur widerwillig über ihre Halluzinationen berichten. Sie versuchen nicht mit ihrer Phantasie eine Brücke zur Realität zu schlagen. Sie ziehen sich vor ihr zurück und lassen sich von ihrer eigenen Welt gefangennehmen.

Gelingt es solchen Kindern mit großer Verzögerung, sich psychisch weiterzuentwickeln, so können sie fähig werden, bedrohliche chaotische Energien zu verdrängen. Sie können dann teilweise und in gewissen Bereichen gut »funktionieren«. Die übergroße Verletzlichkeit bleibt aber bestehen. Sie führt dazu, daß sie später als Erwachsene zwischen zwei Welten, nämlich einer gut funktionierenden, möglicherweise sogar erfolgreichen einerseits und einer katastrophal-chaotischen andrerseits, rasch hin- und herwechseln können. Dies ist ein typisches Zeichen für Menschen, die an einer Borderline-Störung leiden.

Die Folgen einer Traumatisierung

In diesem Fall soll beschrieben werden, wie ein gut entwickeltes Selbstbewußtsein durch eine Traumatisierung beschädigt werden kann. Die chaotischen Energien, die in das Selbstbewußtsein eingedrungen sind, können vom Ich nicht ständig unter Kontrolle gehalten werden, und es kommt zu psychotischen Zuständen.

Ein vierzehnjähriges Mädchen, das von seinem Vater
sexuell mißbraucht worden war, kommt aufgrund von
Panikanfällen in Behandlung. Der erste liegt etwa ein
halbes Jahr zurück und wurde im Klassenzimmer von
einem Stück Kordel ausgelöst, das einem Jungen von
der Trainingsjacke an der Vorderseite herunterhing. Das
Mädchen »dreht durch«. Sie bekommt einen
Tobsuchtsanfall, und ihre Mitschüler berichten ihr im
nachhinein, daß sie »total verrückt« gewesen sei.
Seitdem fürchtet sie sich vor »Bändeln«. Sie entfernt
»Bändel« an ihrer Kleidung und in ihrer Umgebung.
Schließlich erzählt sie der Mutter von den sexuellen
Übergriffen des Vaters. Diese trennt sich vom Vater und
bringt die Sache vor Gericht. Da die Panikattacken aber
nicht nachlassen, sucht das Mädchen den Arzt auf, der
zur psychotherapeutischen Behandlung rät.
In den Behandlungsstunden wirkt das Mädchen ruhig
und freundlich. Sie kann sich ihre Gefühlsausbrüche
nicht erklären, bringt sie nicht mit dem sexuellen
Mißbrauch in Zusammenhang. Aus ihren Schilderungen
wird deutlich, daß sie die Gefühle, die sich auf das
traumatische Geschehen des Mißbrauchs beziehen, zur
Gänze abgespalten hat. Dies zeigt sich daran, daß sie
ohne emotionale Beteiligung, fast gleichgültig darüber
berichtet. Wie stark und chaotisch aber ihre gefühlsmäßige Reaktion tatsächlich war, zeigten die Gefühls-
durchbrüche, die sie in psychotische Zustände ver-
setzten.
In der Situation, während des Geschehens, habe sie gar
nichts gespürt. Auf meine Frage, ob sie niemals Wut
gegenüber dem Vater empfunden habe, berichtet sie,
daß dies am ehesten der Fall war, als er nach dem
Geschlechtsverkehr aufstand und zur Dusche ging.

Beiläufig erwähnt sie, daß sie dabei sein schlaffes, hängendes Glied zu sehen bekam, vor dem sie sich ekelte.

Der Durchbruch der abgespaltenen chaotischen Gefühle wurde durch eine Situation ausgelöst, die das Mädchen unbewußt an die traumatisierende Situation erinnerte. Durch das Bändel wurde sie an das Genital des Vaters erinnert. Aufgrund der vollkommenen Abspaltung konnte sie selbst keinerlei Zusammenhänge herstellen. Dieser Vorgang hat Ähnlichkeit mit einem Alptraum, in dem starke unbewußte Gefühle sich melden und durch verschlüsselte Bilder versuchen, Zugang zum Bewußtsein zu erlangen.

Wahrscheinlich spielten unbewußte erotische Gefühle dem Jungen gegenüber eine Rolle, damit es zu einer deckungsgleichen Situation kam. Da aber niemand, auch sie selbst nicht, verstand, worum es eigentlich ging, konnte sie im Anschluß nicht stimmig getröstet werden.

In der therapeutischen Behandlung wurde versucht, die chaotischen Gefühle der Patientin verständnisvoll als eine stimmige Reaktion anzunehmen. Es war dabei wichtig, daß sie ihre chaotisch aggressiven Gefühle bewußt im Zusammenhang mit der traumatisierenden Situation erlebte. In diesem Zustand mußte sie empathisch gehalten werden. Da sie in der Folgezeit nicht mehr derart von ihren Gefühlen überfallen wurde, daß sie außer sich geriet, zeigte sich, daß eine Einordnung und Beruhigung der chaotischen Energien stattgefunden hatte. Ihr Selbstbewußtsein hatte sich dadurch wieder »verdichtet«. Eine Bearbeitung der schweren inhaltlichen Konflikte, die sich aus dem Mißbrauch ergaben, konnte beginnen.

KAPITEL 3

Wie sich unser Selbstbewußtsein vergrößert

Die bewußte Selbsterfahrung

Unser Selbstbewußtsein wächst allein dadurch, daß wir uns bewußt selbst erfahren. Voraussetzung dafür ist, daß wir uns in einem »höheren« Bewußtseinszustand befinden. Wodurch erreichen wir aber diesen Zustand? Wenn wir uns gegenüber unseren Gefühlen öffnen und die volle Intensität der Gefühle aushalten können, verändert sich unser Bewußtseinszustand. Wir gelangen dann von der bewußten auf die selbstbewußte Ebene. Können wir es zulassen, daß sich unsere Gefühle vertiefen, so erreichen wir einen Punkt, an dem wir uns über sie erheben können. In solchen Momenten können wir uns von einer höheren Warte aus betrachten und erkennen, wer wir wirklich sind. Wir nehmen dann nicht mehr nur wahr, sondern erfahren uns selbst in einem größeren Zusammenhang als Wahrnehmende. Nur durch dieses reflexive Erleben vergrößert sich unser Selbstbewußtsein.

Manche Menschen versuchen, beispielsweise durch Meditation, möglichst lange in diesem Zustand zu verweilen. Ein durchgängig selbstbewußter Zustand entspricht dem Zustand der Erleuchtung. Ein »Erleuchteter« erscheint entrückt und gelassen, da er ständig über seinen

Gefühlen steht. Da er außerordentlich geübt ist, seine Gefühle zu erleben, kann ihn nichts aus seiner Ruhe bringen. Ruhe und Gelassenheit sind dann wiederum die beste Voraussetzung dafür, daß Gefühle sich vollständig entwickeln können.

Normalerweise sind Menschen aber nicht dermaßen erfahren, wenn es darum geht, Gefühle zuzulassen. Meist besteht eine mehr oder minder große Abwehr gegenüber dem Erleben der eigenen Gefühle, die verhindert, daß wir Momente der »Erleuchtung« erleben. Die emotionale Offenheit ist aufgrund von verdrängten unangenehmen Erfahrungen eingeschränkt. Oft kann bei starken Gefühlen nicht der gesamte Spannungsbogen ausgehalten werden. Die eigenen Gefühle können so nur ansatzweise erlebt werden. Hektisches körperliches Agieren zeigt an, daß man aus der Ruhe gebracht wurde und sich in einem Zustand der Abwehr befindet. Aber auch ein Erstarren oder gar eine Ohnmacht können als Abwehrmaßnahme eintreten.

Wie gut jemand darin ist, seine eigenen Gefühle zu erleben, ist zu einem großen Teil Übungssache. Man kann also dadurch, daß man Selbsterfahrung übt, sein Selbstbewußtsein stärken. In den letzten beiden Jahrzehnten ist Selbsterfahrung zunehmend zu einem Thema für die Freizeitgestaltung geworden. Viele Menschen besuchen sogenannte Selbsterfahrungsgruppen und profitieren von der Vielzahl der Angebote. Eine nachhaltige positive Veränderung ergibt sich aber nur dann, wenn jemand es schafft, im täglichen Leben dem eigenen Selbsterleben mehr Raum zu geben. Gerade das zeichnet nämlich Menschen mit einem starken Selbstbewußtsein aus.

Die zunehmende Hektik in der heutigen Zeit trägt sicherlich vermehrt dazu bei, daß sich Menschen die über-

wiegende Zeit in einem »nur« bewußten Zustand befinden. Im täglichen Leben nehmen sie eine ungeheure
Fülle an Reizen wahr und können sich diesen entsprechend nur oberflächlich verhalten. Anstelle von Selbsterfahrung werden hauptsächlich Verhaltensmuster und
logisches Denken geübt. Die Gefühle bleiben eine flüchti-
ge Begleiterscheinung, die durch eine zu hohe Anpas-
sungsbereitschaft klein gehalten werden. Ereignet sich
etwas Außergewöhnliches und drohen die Gefühle inten-
siver zu werden, ist die spontane Reaktion, sich dagegen
zu verschließen, um einen kühlen Kopf zu bewahren und
nicht aus der Rolle zu fallen.

So kommen Erlebnisse, die die bewußte Selbsterfahrung einschließen, in der heutigen schnellebigen, unru-
higen Zeit bei vielen Menschen zu kurz. Für manche
Erwachsene stellt es einen Ausnahmezustand dar, wenn
sie mit ihren Gefühlen stärker in Kontakt kommen. Eine
Zeit der Verliebtheit etwa oder eine schwere Krise kann im
günstigen Fall ein Auslöser für vermehrte Selbsterfahrung
sein.

Die Struktur des Selbst

Das Ziel unserer psychischen Entwicklung ist die Selbstverwirklichung. In uns allen ist unser Selbst, wie ein Talent oder eine Begabung, genetisch angelegt. Das Selbst
drängt uns, unsere Persönlichkeit möglichst vollständig zu
entfalten. Wird diese Selbstentfaltung behindert, so entwickelt sich anstelle unserer Persönlichkeit eine Störung.
Menschen leiden dann an einer »Persönlichkeitsstörung«,
die sich auf unterschiedliche Weise, auch auf körperlicher
Ebene, ausdrücken kann.

Geht es darum, ein in uns angelegtes Talent zu entwikkeln, muß zuerst eine Grundlage dafür geschaffen werden, damit es sich ausdrücken kann. Jemand, der eine besondere Begabung für etwas hat, muß zuerst auf diesem Gebiet lernen und üben, damit er sein Talent wecken und ausleben kann.

Geht es darum, die Persönlichkeit zu entwickeln, muß Selbsterfahrung gelernt und geübt werden, damit sich als Grundlage eine psychische Struktur ausbilden kann. Ein funktionierendes Ich und Über-Ich sind die Merkmale dieser psychischen Struktur (siehe Kap. 5).

Jedesmal wenn wir uns selbst erfahren, wird unser Selbst belebt und kann sich dadurch ausdrücken. Alle diese Äußerungen werden als Eindrücke in unserer Psyche gespeichert, und durch sie wird Stück für Stück unsere psychische Struktur aufgebaut. Dieser Vorgang ist mit einem körperlichen Aufbautraining vergleichbar. Dabei entsprechen die beim Training entstehenden Muskeln der psychischen Struktur, die zunehmende Kraft und Geschicklichkeit der Stärke unseres Selbstbewußtseins.

Im Gegensatz zu den Muskeln ist die psychische Struktur aber nicht sichtbar. Sie zeigt sich in erster Linie an der psychischen Belastbarkeit. Selbstbewußte Menschen können mehr Realität vertragen und diese besser umsetzen.

Indem wir uns selbst erfahren, verinnerlichen wir also Teile der Realität. Wir nehmen nicht nur mit unseren Sinnesorganen etwas wahr und damit auf, sondern wir verleiben uns sozusagen etwas psychisch ein. Wir verdauen die Wahrnehmungen. Dies ist mit der Nahrungsaufnahme vergleichbar, bei der materielle Substanzen vom menschlichen Organismus aufgenommen und verdaut werden. Die körperliche Verdauung bildet die Grundlage für den Stoffwechsel, sie setzt Stoffwechselprozesse in

Gang, bei denen bleibende Spuren im Organismus zurückbleiben.

Unsere psychische Verdauung hinterläßt ebenfalls bleibende Spuren in uns. Diese bilden die Struktur unserer Psyche. Da die psychische Verdauung aber ebenfalls den organischen Stoffwechsel beeinflußt, ist unsere psychische Struktur gewissermaßen im ganzen Körper gespeichert. Deshalb drücken sich psychische Haltungen auch immer in körperlichen Haltungen aus.

Was ist Realität?

Die Realität setzt sich aus allen bestehenden materiellen und nicht materiellen Gegebenheiten zusammen. Sie beschreibt die Wirklichkeit. Oft wird nur die Umwelt als Realität bezeichnet, obwohl der eigene Körper und die eigenen geistigen Aktivitäten ebenfalls dazugehören. Zwischen uns und der Umwelt gibt es keine klaren Grenzen. Das, was in diesem Zusammenhang ein »Innen« und ein »Außen« beschreibt, ist letztlich von der Art der Wahrnehmung, also von unserem Bewußtseinszustand abhängig. Wir können uns öffnen, einlassen und in der Realität aufgehen und uns dann wieder distanzieren und abgrenzen. Dabei können wir mit unterschiedlichen Dimensionen der Realität in Verbindung treten. Der unmittelbare Bereich der Realität, in den wir eingebettet sind, ergibt sich aus der Beschaffenheit unseres Körpers und seinen Signalen. Dabei handelt es sich stets um die Frage, in welcher Beziehung wir zu uns selbst stehen. Eine weitere Dimension beinhaltet die Realität, die uns aus familiären und emotionalen Beziehungen erwächst. Weitere Größenordnungen der Realität, die sich auf unsere Beziehung zu geographischen, kulturellen, politischen Faktoren unserer Umwelt beziehen, folgen. Die Dimensionen setzen sich immer weiter fort, und möglicherweise werden wir aus der Ferne durch kosmische Gegebenheiten beeinflußt.

Jedenfalls sind wir ständig mit unterschiedlichen Ausschnitten aus den Dimensionen der Realität konfrontiert und nehmen sie auf. Da sich die Realität ständig ändert, sind wir gezwungen, uns ebenfalls ständig zu verändern.

Dadurch aber, daß der Mensch diese Veränderungen bewußt wahrnehmen kann, kann er darüber reflektieren. Da dieses Reflektieren von einer höheren Warte aus geschieht, können größere Zusammenhänge wahrgenommen werden, die eine größere Voraussicht und Rücksicht beinhalten. Dadurch wird die Phantasie des Menschen beflügelt, und er kann in einem distanzierten Zustand Vorstellungen entwickeln, die diese Voraussicht und Rücksicht einbeziehen. Mit diesen Vorstellungen und abstrakten Plänen erschafft der Mensch die Voraussetzung, auf die Realität einzuwirken. Entsprechen seine Vorstellungen der Realität, so kann er sie verwirklichen. Im Gegensatz dazu können Phantasien, die nicht der Realität entsprechen, nicht umgesetzt werden. Vorstellungen, die der Realität entsprechen, entstehen aus Selbsterfahrungen; Vorstellungen, die nicht der Realität entsprechen, sind falsche Vorstellungen und dienen dazu, die Selbsterfahrung abzuwehren. Unrealistische Größenphantasien sind ein Beispiel dafür.

Die Realität stellt die psychische Nahrung für unsere Persönlichkeit dar. Dabei gibt es Dinge, die uns nicht »schmecken«, genauso wie bittere Pillen, die gelegentlich geschluckt werden müssen.

Haben sich beispielsweise bei jemandem aggressive, sadistische Gefühle eingestellt, so sind sie für ihn ein

Stück »schwer verdaulicher« Realität, die er geneigt ist abzuwehren. Aber nur wenn er es schafft, diese Gefühle bewußt zuzulassen, können sie eine Veränderung erfahren.
Wird ihm bewußt, daß er schlecht und destruktiv ist, so
wird sich in der Folge ein schmerzliches Reuegefühl einstellen. Die Fähigkeit, Reue zu empfinden, ist im Menschen genetisch angelegt, und sie kann nur auf diesem
Wege abgerufen werden. So wird es möglich, aus der Sackgasse des destruktiven Verhaltens herauszukommen.

Ein weiteres Beispiel für Realität in Form eines Signals
unseres Körpers kann ein Schmerz sein. Lassen wir die
Wahrnehmung bewußt zu und versuchen nicht, sie zu
unterdrücken oder zu verdrängen, erfahren wir, wer wir im
Angesicht des Schmerzes sind. Die Wahrnehmung löst,
wenn sie tief bewußt werden kann, durch die biochemische Reaktion in unserem Organismus eine Veränderung in
uns aus. In gewisser Weise sind wir es, die die Erlaubnis
erteilen können, ob die Veränderung der Realität in uns
stattfinden kann. Da wir Menschen die Fähigkeit haben,
Realität abzuwehren, sozusagen gegen Tatsachen psychisch
anzukämpfen, haben wir einen gewissen Spielraum, um
die Realität mitzugestalten. Im großen und ganzen jedoch
müssen wir uns den Veränderungen der Realität anpassen.
Schwimmen wir gegen den Strom und stemmen uns gegen
die Realität, werden wir dabei unweigerlich untergehen.

Die Wandlung von Gefühlen

Wenn wir Ausschnitte der Realität, die uns betreffen,
wahrnehmen, kann dies in uns Wellen von unterschiedlichen Gefühlen auslösen, die dann auf unser Bewußtsein
»zurollen«. Jemand, der die Nachricht vom Tode eines

ihm nahestehenden Menschen erfährt, wird, nachdem es ihm bewußt geworden ist, vielleicht als erstes Schmerz und Wut empfinden. Er versucht sich dagegen aufzulehnen, daß es passiert ist. Sobald er diese Gefühle wiederum zu seinem Bewußtsein zugelassen hat, wird er den Schmerz wirklich spüren können. Hat er die Welle des Schmerzes überstanden, wird sich Trauer einstellen. Nach angemessener Trauer kann dann eine Welle der neuen Zuversicht kommen. Wird jedoch eines der aufeinanderfolgenden Gefühle abgewehrt, ist die psychische Weiterentwicklung an dieser Stelle blockiert, und eine Wandlung der Gefühle kann nicht stattfinden. Der Betroffene kann dann seine Trauer nicht aufarbeiten.

Ein einzelner Vorgang der bewußten Selbsterfahrung wird so zu einem Glied in einer Kettenreaktion, als die sich die psychische Entwicklung insgesamt vollzieht. Entwicklung bedeutet stets Wandlung und schließt Differenzierung mit ein, indem immer neue Aspekte des Selbst belebt werden.

Die Wandlung der Gefühle, zu der es im Verlauf einer Selbsterfahrung kommt, wird durch die im Körper ausgelöste biochemische Reaktion ermöglicht. Sie stellt immer eine einzigartige individuelle Antwort auf das zum Bewußtsein zugelassene Stück Wirklichkeit dar. Das Erleben dieser Gefühlsveränderungen ist der Höhepunkt in der Selbsterfahrung. Wir erhalten stets aufs neue eine prägende Definition unseres Selbst, erkennen neue Facetten unserer Persönlichkeit. Wenn sich unser Selbst auf diese Weise zunehmend verdichten kann, verläuft unsere psychische Entwicklung positiv. Wir spüren dann immer genauer und klarer, wer wir eigentlich sind, und erlangen mehr Selbstbewußtsein. Wenn wir den ganzen emotionalen Spannungsbogen durchleben können und irgendwann einen Höhepunkt erreichen, machen wir psychisch eine

Art Quantensprung. Dies geschieht, wenn wir über unsere Gefühle hinauswachsen und loslassen können. Das Umschlagen authentischer Gefühle erleben wir als eine Befriedigung, weil wir das Loslassen der Gefühle als ungeheure Befreiung empfinden. Jedes Gefühl kann uns, wenn es sich ausreichend vertiefen kann, zu einem Zustand der Befriedigung führen. Dadurch werden unsere Gefühle der Wirklichkeit entsprechend erneuert. Vergleichbar ist dieser intensiv erlebte bewußtseinserweiternde Zustand mit einem kleinen Tod, ein Bild, das wir häufig auch für die Beschreibung des sexuellen Höhepunkts verwenden.

Selbsterfahrung als Wagnis

Der Blick von einer »höheren« reflexiven Bewußtseinsebene aus ermöglicht uns eine Neuorientierung. Nur dadurch kann Realität in unser Selbstbewußtsein eingeordnet werden. Für jede Erweiterung unseres Selbstbewußtseins müssen wir uns psychisch neu zentrieren, das heißt einen Standpunkt finden, um den wir uns neu sammeln können. Manchmal gelingt aber diese Zentrierung nicht. Der Höhepunkt kann nicht erreicht werden; anstatt daß wir uns über die Gefühle erheben können, werden wir von den Gefühlen überflutet. Dies kann dann der Fall sein, wenn das Selbsterleben in einem krassen Gegensatz zu der vorangegangenen psychischen Entwicklung steht. Es ist möglich, daß Menschen dann völlig aus dem psychischen Gleichgewicht geraten und psychotisch reagieren. Da grundsätzlich die Gefahr besteht, verlorenzugehen, wenn man sich auf Gefühle einläßt, ist der Mensch mit der Fähigkeit ausgestattet worden, Realität abzuwehren, um sich zu schützen.

Wir gehen also immer ein gewisses Wagnis ein, wenn wir eine Wahrnehmung bewußt werden lassen. Wir müssen dabei etwas aufgeben und lassen unsere bisherige psychische Struktur los zugunsten einer neuen, veränderten psychischen Konstellation. Das Selbstbewußtsein wächst nicht, indem nur etwas zum Alten hinzugefügt wird, sondern es muß kurzfristig alles in Frage gestellt werden, damit ein neues psychisches Gleichgewicht und damit eine neue Zentrierung gefunden werden kann.

Stellen wir uns unsere psychische Konstellation als einen gut funktionierenden Familienverband vor: Die Verinnerlichung einer neuen Erfahrung ist wie die Geburt eines weiteren Kindes. Jedes einzelne Familienmitglied ist von diesem Ereignis betroffen, die ganze Atmosphäre innerhalb der Familie verändert sich, ein neues familiäres Gleichgewicht muß gefunden werden. Nichts wird mehr so sein wie vor der Geburt des Kindes. Ein neues energetisches Zentrum, das dem Neuankömmling gerecht wird und für den weiteren Zusammenhalt des Familienverbands sorgt, muß sich herausbilden. Eine völlig neue Dynamik entsteht.

Kann die Familie den Zuwachs nur schwer annehmen, wird es zu Problemen kommen, von denen die ganze Familie betroffen ist. Im schlimmsten Fall kann sie auseinanderbrechen. Auf unsere Psyche übertragen geschieht dies, wenn wir Wahrnehmungen in tiefe Bewußtseinsschichten zugelassen haben, die wir nicht integrieren können, weil sie für unsere bestehende psychische Struktur schlecht verträglich sind. Es ist dann, als hätten wir ein Nahrungsmittel zu uns genommen, das unserem Körper nicht bekommt oder ihn gar vergiftet.

Ob es nun um den Familienverband, unsere Psyche oder unseren Körper geht, in jedem Fall muß zur Rettung des Systems versucht werden, das bereits Aufgenommene verträglich zu machen. Dazu ist im allgemeinen Hilfe und Halt von Außenstehenden erforderlich.

Emotionale Aha-Erlebnisse

Auch wenn die Gefahr der Traumatisierung besteht: Es gibt nur diesen einen Weg zum Selbstbewußtsein, nämlich den über stimmige Erfahrungen durch Prozesse des bewußten Selbsterlebens. Psychisches Wachstum ist also mit einem gewissen Risiko verbunden. Die Quantensprünge, die wir machen, dürfen nicht zu groß sein, sonst besteht Gefahr für unser psychisches System. Wenn wir jedoch die reflexive Ebene erreichen und uns dort stimmig wiedererkennen, können wir Befriedigung erlangen. Wir halten inne, kommen zur Ruhe, fühlen uns »rund«.

Dieser Moment des Innehaltens ist so etwas wie ein Aha-Erlebnis, wie wir es kennen, wenn wir etwas begreifen wollen. Auf der verstandesmäßigen Ebene ist es leicht nachzuvollziehen, daß jemandem plötzlich, nach unterschiedlich langer »Einwirkungszeit«, schlagartig etwas klar wird und er etwas versteht. Es ist dann so, als springe ein Funke über, und etwas, das in ihm angelegt ist, wird belebt. Wir sprechen auch von »Geistesblitzen«.

Was im rational-kognitiven Sinne in uns angelegt ist, ist die Fähigkeit, etwas zu begreifen oder zu verstehen. Haben wir etwas wirklich verstanden, so haben wir es im positiven Sinn integriert. Es ist zum Baustein unseres geistig-kognitiven Gerüsts geworden, auf dem unser logisches Denken aufbaut. Da diese Fähigkeiten Teil unseres genetisch angelegten Selbst sind, hängt ihre Entwicklung von emotionalen Aha-Erlebnissen ab. Es kann nur dann ein

Funke überspringen, wenn wir uns auf einer tieferen emotionalen Ebene in uns selbst eingefühlt und uns in bezug auf die Realität als stimmig erkannt haben. Nur so wird eine Erfahrung zu einer bewußten Erfahrung, die eine bleibende Spur hinterläßt. So ist unsere emotionale Entwicklung immer die Grundlage für unsere geistige Entwicklung. Natürlich kann nichts von einem Menschen verwirklicht werden, was nicht auch in ihm angelegt ist. Unsere Entwicklung ist also in gewisser Weise vorgegeben, die Möglichkeiten psychischer Entfaltung sind begrenzt. Wir können nur besitzen, was wir »von unseren Vätern ererbt« haben.

Das ist unter anderem unser Selbst. Genetisch einzigartig in uns angelegt, eröffnet es uns ein individuelles Möglichkeitenfeld. Es ist das wichtigste der genetisch angelegten Talente und ermöglicht uns, weitere angelegte Fähigkeiten zu erwerben. Wir können zum Beispiel das Laufen oder eine Sprache lernen, uns im Klavierspielen versuchen, ein Gedicht auswendig lernen und vieles mehr. Wie weit wir diese einzelnen Fähigkeiten ausbilden, hängt zwar einerseits vom jeweiligen Talent und den realen Entwicklungsmöglichkeiten ab, aber am meisten davon, ob wir uns beim Lernen ausreichend bewußt selbst erleben können.

Nehmen wir als Beispiel den Spracherwerb, zu dem der Mensch grundsätzlich fähig ist. Wächst ein Kind, das sprachbegabt ist, in einer intellektuellen Familie auf, ist die Wahrscheinlichkeit groß, daß es eine Sprachgewandtheit entwickelt.

Ist es jedoch in der Entwicklung seines Selbstbewußtseins behindert, fehlt es an emotionalen Aha-Erlebnissen, und es kann sich die Fähigkeiten nicht aneignen, weil die Basis zur Verinnerlichung fehlt. Das Kind wird unter einer Art »Mangelernährung« leiden, obwohl es in einem gut bestellten Haus aufwächst.

Die Vorgänge der bewußten Selbsterfahrung sind also grundlegend für alle integrativen Vorgänge. Alle integrativen Vorgänge sind Lernprozesse, und umgekehrt sind alle Lernprozesse Vorgänge der Verinnerlichung. Dadurch ist wirkliches Lernen immer an bewußtes Selbsterleben gekoppelt. Noch so gute Anlagen und ideale Umweltbedingungen reichen nicht aus, wenn sie nicht durch bewußtes Selbsterleben erschlossen werden können.

An diesem Punkt wird deutlich, wie sehr die Entwicklung unserer genetisch angelegten Intelligenz von der Entwicklung unseres Selbstbewußtseins abhängt.

KAPITEL 4

Der Mangel an Selbstbewußtsein vor dem Hintergrund psychoanalytischer Theorien

Das Unbewußte bei Freud

Mehr als 90 Prozent der Menschen, die sich in ambulanter psychotherapeutischer Behandlung befinden, leiden an einer Psychoneurose. Dieser Begriff entstammt dem Vokabular der Psychoanalyse, die um die Wende vom 19. zum 20. Jahrhundert von Sigmund Freud begründet und als Wissenschaft und Therapiemethode bedeutend wurde. Neben der Verhaltenstherapie sind die psychoanalytische Methode und die von ihr abgeleitete tiefenpsychologisch fundierte Methode heute die am häufigsten angewandten psychotherapeutischen Arbeitsweisen.

Sigmund Freud hat sich zeitlebens mit den Auswirkungen des Unbewußten auf die menschliche Psyche beschäftigt. Auch Carl Gustav Jung, der zunächst mit Freud zusammenarbeitete, sich jedoch später von der psychoanalytischen Bewegung Freuds trennte, hat eine psychoanalytische Theorie entwickelt. Er ging dabei jedoch von einem anderen Menschenbild aus als Freud, indem er die tiefsten Schichten der menschlichen Psyche als Teil eines kollektiven Unbewußten, dem Wirkungsfeld der Archetypen (der urtümlichen Bilder), beschrieb. Im Gegensatz zu Freud ist er der Auffassung, daß es im Unbewußten zwei

Schichten gibt: ein persönliches Unbewußtes und ein un- oder überpersönliches Unbewußtes (kollektives Unbewußtes).

Bei seiner Beschreibung von Bewußtem und Unbewußtem verglich Freud die menschliche Psyche mit einem Eisberg. Die oberste Spitze, die aus dem Wasser ragt, etwa ein Zehntel des Ganzen, entspricht dem mehr oder minder bewußten Teil unserer Psyche, der weitaus größere Teil unter Wasser, die verbleibenden neun Zehntel, verkörpern das Unbewußte. Der immense unbewußte Teil spielt für unsere Lebensbewältigung eine wichtige Rolle. Aus ihm empfangen wir Ahnungen, in ihm ist unsere Intuition verankert. Er hält unsere Psyche im Gleichgewicht, verleiht uns Stabilität.

Mit Freuds Bild des Eisbergs läßt sich aber noch ein weiterer Aspekt der menschlichen Psyche zutreffend beschreiben, nämlich die Tendenz zur Zuspitzung nach oben, in Richtung immer größerer Bewußtheit. Je bewußter wir etwas wahrnehmen, um so mehr spitzt sich unsere Aufmerksamkeit zu; wir merken, daß wir uns jeweils nur auf eine Sache voll konzentrieren können. Mit Hilfe unseres Selbstbewußtseins können wir zwar unsere Konzentration steuern, aber zum überwiegenden Teil wählt unsere Psyche automatisch das aus, was uns betrifft und was uns bewußt werden soll. Dieser unwillkürliche Selektionsmechanismus schützt die menschliche Psyche davor, das Gleichgewicht zu verlieren, was eintreten kann, wenn wir zu viele Bewußtseinsinhalte zulassen.

So funktioniert unser vegetatives Nervensystem beispielsweise, ohne daß wir uns dessen bewußt sind. Auch unzählige Kleinigkeiten des Alltags nehmen wir nur am Rande zur Kenntnis. Vieles findet schon aus quantitativen Gründen keinen Zugang zu unserem Bewußtsein und bleibt gleichsam außen vor.

Freud nennt diese nicht wirklich bewußt gewordene Realität das Vorbewußte oder latent Bewußtseinsfähige, Jung bezeichnet sie als kollektives Unbewußtes. Wir können uns dieses ohne großen inneren Widerstand durch Konzentration bewußt machen. Neben dem Vorbewußten gibt es jedoch noch eine andere Art unbewußter Inhalte in unserer Psyche. Diese können wir uns nicht so ohne weiteres bewußt machen. Es sind Inhalte, die wir mit hohem Energieaufwand versuchen, wie kleine Inseln von unserem Bewußtsein abzugrenzen. Freud beschreibt sie als das Verdrängte oder Abgewehrte und mißt ihnen in seinen Ausführungen die größte Bedeutung bei. Der wichtigste Unterschied zwischen den beiden Arten des Unbewußten – dem Vorbewußten und dem Abgewehrten – besteht darin, daß wir nur gegen das Abgewehrte eine energetische Blockade errichten müssen, damit es nicht bewußt wird. Je eindeutiger unser unwillkürlicher Selektionsmechanismus das Abgewehrte als bedeutend für uns ausgewählt hat, desto stärker muß diese Blockade sein.

Das Vorbewußte ist nicht eindeutig zielgerichtet und dynamisch, es mobilisiert keine Abwehr. Es bildet eher den Hintergrund oder, wie Freud es ausdrückt, eine Art Warteschlange vor den Pforten unseres Bewußtseins und umfaßt in unbegrenzter Zahl Möglichkeiten der Bewußtwerdung.

Das Abgewehrte hingegen ist bedrohlich, mobilisiert unsere Abwehr, ist dynamisch, drängt sich in den Vordergrund. Freud spricht von einem »natürlichen Auftrieb« des Abgewehrten. Wenn wir immer mehr Abwehr dagegen aufbauen und diese aufrechterhalten müssen, entsteht in unserer Psyche der neurotische Konflikt. Die psychische Energie ist stellenweise gespalten und gegeneinander gerichtet.

Für jemanden, der an einer Neurose und gleichzeitig an einem Mangel an Selbstbewußtsein leidet, ist von seinem Unbewußten nur das Abgewehrte und nicht das Vorbewußte von Bedeutung. Es sind jene Bruchstücke der Realität, deren Verinnerlichung für seine psychische Entwicklung wichtig wäre, die er jedoch nicht bewußt zulassen konnte und gegen die er aus Angst Blockaden errichtet hat. Es kann sich dabei um einige wenige große Blockaden handeln, die aufgebaut wurden, um einer Traumatisierung zu entgehen, oder aber um unzählige kleinere, um Frustrationen zu vermeiden. Wenn jemand eine unglückliche Entwicklung genommen und es nicht gelernt hat, Frustrationen anzunehmen, ist seine Fähigkeit, Realität abzuwehren, in der Regel stärker ausgeprägt als die Fähigkeit, Realität zu integrieren. Nach Freud hat dann eine »Modifikation des Lustprinzips« durch das »Realitätsprinzip« nicht in ausreichendem Maße stattgefunden. Dem Lustprinzip folgend, trachten wir danach – wie kleine Kinder –, unsere Wünsche auf dem kürzesten Weg erfüllt zu bekommen. Ab einem gewissen Alter muß das Realitätsprinzip, das die Erfordernisse der Realität in unser Handeln einbezieht, erweiternd hinzukommen. Das Lustprinzip darf aber nie ganz vom Realitätsprinzip ersetzt werden. Die Entwicklungsaufgabe ist lediglich eine Modifikation, eine Anpassung des Lustprinzips an die Realität.

Während des gesamten Zeitraums, in dem Realität abgewehrt wird, ist die psychische Entwicklung eines Menschen gestört. Für eine neurotische Entwicklung ist dies bezeichnend.

Wir alle verfügen über die Fähigkeit, Realität abzuwehren, um Traumatisierungen vorzubeugen, was ja zunächst einmal positiv und eine notwendige Lebensstrategie ist. Wenn wir die Abwehr jedoch auf Dauer aufrechterhalten, so kann dies eine negative Entwicklung einleiten, die dazu führt, daß wir die Realität noch mehr verdrängen. Freud spricht dann von sekundären Abwehrschritten (»Hemmung, Symptom und Angst«), in denen die aus dem primären Abwehrschritt erwachsenen Symptome wiederum verdrängt werden. Die Richtung der Verdrängung wird also fortgesetzt, die Symptomatik wird nach Freud jedoch ich-ferner, bezieht verschiedene Schauplätze mit ein und wird für den Betroffenen und den Therapeuten viel undurchsichtiger. Neue psychische und oft auch körperliche Symptomatiken treten auf.

Freud hat hauptsächlich den Abwehrvorgang der Verdrängung von Bewußtseinsinhalten beschrieben. Ein anderer Abwehrvorgang, die Spaltung, wurde von seiner Schülerin Melanie Klein ausführlich dargestellt. Hier wird die Realität von jemandem so verändert, daß sie unvollständig, verzerrt oder verrückt wahrgenommen wird. Dabei können gravierende Wahrnehmungsstörungen auftreten: Halluzinationen, Stimmenhören oder sensorische Fehlwahrnehmungen. Der Patient versucht, für ihn unannehmbare Bedingungen seiner Umwelt gleichsam halluzinatorisch zu korrigieren. Man bezeichnet diesen Abwehrvorgang als frühen oder unreifen Abwehrvorgang, da er für die ersten Lebensmonate typisch ist (M. Klein). Es ist die einzige Form der psychischen Abwehr, die dem Menschen zur Verfügung steht, bevor er einen bestimmten Grad der Ich-Entwicklung erreicht hat. Die Abspaltung der Realität tritt dann ein, wenn jemand sich existentiell bedroht fühlt. Ein Säugling kann viel schneller als ein Erwachsener in eine solche Situation geraten. Beim Erwachsenen finden wir diesen Abwehrvorgang häufig im Zusammenhang mit Katastrophen, die seine Ich-Funktion außer Kraft gesetzt haben. So etwa wenn jemand im Angesicht höchster existentieller Gefahr seine Errettung halluziniert. Der Abwehrmechanismus greift dann in einer veränderten Sinneswahrnehmung. Das Ich ist in diesem Moment deutlich überfordert, denn bei einem psychisch gesunden Erwachsenen stellt die Realitätsprüfung eine wichtige Ich-Funktion dar.

Der reifere Abwehrvorgang der Verdrängung kann erst dann erfolgen, wenn das Ich entsprechend ausgebildet ist. Freud bezeichnet die Verdrängung geradezu als Ich-Leistung. Hier wird nicht die äußere Realität korrigiert, sondern etwas in der Psyche des Menschen. Die frustrierende äußere Realität wird korrekt wahrgenommen, der Konflikt kann jedoch nicht bewußt angenommen werden. Also werden die eigenen Gefühle und Wünsche abgeblockt. Als Blockade wird eine energetische Gegenbesetzung in der Psyche errichtet, was auch hier zu einer Spaltung führt, die jedoch im Gegensatz zur frühen Spaltung innerhalb der Psyche stattfindet.

Stadien der psychischen Entwicklung nach Freud

Freud stellte zwei für die damalige Zeit revolutionäre Behauptungen auf, nämlich daß die ersten Jahre für die psychische Entwicklung der Persönlichkeit am wichtigsten sind und daß die Entwicklung in psycho-sexuellen Stadien verläuft. Freud nahm an, daß die gesamte psychische Energie des Menschen als »Libido« seinen Triebwünschen entspringt. Jeglicher Antrieb des Menschen ist nach Freud erotisch gefärbt. Daher ergibt sich seine Einteilung der Entwicklung in Stadien oder Phasen aus der Konzentration der psychischen Energie der Libido.

• In der ersten Phase, der oralen Phase, konzentriert

sich das lustvolle Empfinden hauptsächlich auf den oralen (Mund)Bereich, der dadurch sozusagen zur erogenen
Zone wird. Alle prägenden Erfahrungen stehen mit oralen
Bedürfnissen und der Art, sich etwas einzuverleiben, in
Zusammenhang. Die orale Phase dauert von der Geburt bis
zu etwa einem Jahr. Da in der Regel die Mutter die primären Bedürfnisse des Säuglings befriedigt, wird sie erstes
und stärkstes Liebesobjekt und bestimmt weitgehend die
Entwicklung der Beziehungsfähigkeit des Kindes.

• Als zweite Entwicklungsphase folgt von etwa ein bis
drei Jahren die »anale« Phase. Der anale Bereich wird
interessant und wird spielerisch erforscht. Durch das
Sauberkeitstraining wird »Geben und Zurückhalten« zum
zentralen Thema. Im übertragenen Sinn geht es dabei um
Aggressivität und Macht, die Fähigkeit, sich gestellten
Anforderungen anzupassen.

• Im Alter von etwa drei bis fünf Jahren befindet sich
ein Kind in der »ödipalen« oder »phallischen« Phase. (Der
Begriff »ödipal« ist der griechischen Mythologie entlehnt.)
Das Interesse verlagert sich vom analen in den genitalen
Bereich. Geschlechtsmerkmale, der Phallus (Penis) beim
Jungen und das Fehlen eines solchen beim Mädchen werden wichtig. Nach Freud entwickelt sich in dieser Zeit ein
kindlich sexuelles Begehren gegenüber dem gegengeschlechtlichen Elternteil. Die Aufgabe dieser kindlich
sexuellen Wünsche und die Identifikation mit dem gleichgeschlechtlichen Elternteil stellen die Entwicklungsaufgabe dieser Phase dar.

• Nach der Bewältigung des »Ödipuskomplexes«, dessen Dynamik im folgenden noch ausführlicher beschrieben wird, kann das Kind in eine ruhige Entwicklungsphase eintreten. In der sogenannten Latenzzeit werden nach
Freud die Sexualtriebe verdrängt. Das Kind wendet sich

schulischen Belangen zu, erwirbt kognitive Fähigkeiten und nimmt kulturelle Werte auf. Soziale Beziehungen werden aufgebaut, meist zu gleichgeschlechtlichen Gleichaltrigen.

• Mit dem Einsetzen der körperlichen Veränderungen in der Pubertät tauchen die verdrängten sexuellen Impulse in voller Stärke wieder auf. Sie sind nun auf gegengeschlechtliche Personen aus dem Bekanntenkreis gerichtet. Die Entwicklungsaufgabe ist es, zu einer – im Gegensatz zur infantilen Sexualität – reifen Sexualität zu finden, letztlich mit dem biologischen Ziel der Reproduktion.

• Die Phaseneinteilung von Freud endet mit der Adoleszenz, die an die Pubertät anschließt. Typisch für diese Entwicklungsphase ist die Beschäftigung mit mehr oder weniger »philosophischen« Fragen. Das Leben wird in einem größeren Kontext gesehen. Ideologien und Religionen werden hinterfragt, aber auch Fragen nach dem Sinn des Lebens oder der Stellung des einzelnen in der Gesellschaft tauchen auf.

Der gesamte Entwicklungsverlauf wird nach Freud von den phasenspezifisch auftretenden Triebenergien bestimmt und den Einstellungen, die aufgrund von Umweltbedingungen dazu gefunden werden können. Beziehungsmuster der frühen Phasen beeinflussen jeweils den Ablauf der nachfolgenden Phasen.

Erik H. Erikson, ein Schüler Freuds, hat auf der Grundlage der Freudschen Entwicklungsphasen eine weiterführende Einteilung vorgenommen. Sie umfaßt das ganze Leben des Menschen von der Geburt bis zum Tod. Durch die Weiterführung wird betont, daß im Gegensatz zur körperlichen Entwicklung die psychische Entwicklung sich ein ganzes Leben lang aufbauen kann. Da es vielen Menschen jedoch nicht gelingt, anstehende Entwicklungsauf-

gaben phasengerecht zu bewältigen, reifen sie trotz fort-
schreitenden Alters nie zu einem »weisen Greis«. So bleiben sie auf eine oder mehrere Entwicklungsphasen fixiert
und kommen nie auf der höchsten psychischen Entwicklungsstufe an. Man kann neben pubertierenden Vierzigjährigen sogar Greise finden, die immer noch ihre ungelöste ödipale Problematik konstellieren müssen.

Die Freudsche Phaseneinteilung der Entwicklung erfuhr eine weite Verbreitung, und Begriffe wie oral, anal,
pubertär haben wir in unseren alltäglichen Wortschatz
aufgenommen. Aber auch weitere Fachbegriffe der Psychoanalyse wie Es, Ich und Über-Ich sind uns mehr oder
weniger geläufig. Freud zerlegte die menschliche Psyche
in die drei psychischen »Provinzen« Es, Ich und Über-Ich,
um besser beschreiben zu können, wie die menschliche
Psyche funktioniert Während das Es die ursprünglichen
und ungezügelten Triebwünsche des Menschen beschreibt,
entwickeln sich die beiden letzteren, wenn die Entwicklungsaufgaben in den einzelnen Phasen ausreichend bewältigt werden.

Der Ödipuskomplex und die Sublimierung

Der Ansatzpunkt zur Erforschung der Neurose war für
Freud die Analyse hysterischer Frauen. Freud hat die
schillernde Symptomatik der Hysterie, die eine Form der
neurotischen Erkrankung darstellt, in seinen berühmt gewordenen Krankheitsgeschichten beschrieben. Was seiner
Meinung nach das Leiden dieser Frauen verursachte, waren verdrängte libidinöse Wünsche dem Vater gegenüber.
Da diese sexuellen Triebwünsche in der ödipalen Phase
entstanden waren, dort aber nicht phasengerecht verarbei-

tet werden konnten, widmete er dem »Ödipuskomplex« besondere Beachtung. In der Fachwelt und weiten Kreisen der Öffentlichkeit stieß er aber vorerst mit seinen Theorien auf Ablehnung. Dies läßt sich leicht nachvollziehen, wenn man den historischen Kontext der Jahrhundertwende mit seinen Moralvorstellungen betrachtet: Sexualität war damals tabuisiert, insbesondere die libidinösen Wünsche des weiblichen Geschlechts oder gar bei Kindern. Dies hat nicht zuletzt zu der weiten Verbreitung der hysterischen Erkrankung bei Frauen geführt und dazu, daß man ihr dann wiederum – sozusagen als modische Gegenbewegung – in gewissen Kreisen ein verstärktes Interesse entgegenbrachte.

Die Hysterie galt vorerst als eine Domäne der Frauen, doch es finden sich bei Freud auch Gegenbeispiele.

So berichtet er etwa in der Geschichte des kleinen Hans über einen sechsjährigen Jungen, der durch die erotisch gefärbte Zuwendung seiner Mutter seinerseits libidinöse triebhafte Wünsche ihr gegenüber entwickelt und diese natürlich verdrängen muß. Der Junge leidet als Folge an einer Phobie, die sich in einer Überängstlichkeit vor Pferden ausdrückt.

Freud legt in dieser Geschichte den Schwerpunkt auf den Rivalitätskonflikt zwischen Vater und Sohn, der sich aufgrund der libidinösen Wünsche des Jungen der Mutter gegenüber ergibt. Die Angst des Jungen vor Pferden ist die verschobene Angst vor seinem Vater, der ihn, so befürchtet der Junge, wohl kastrieren würde, wenn seine Wünsche zutage träten. Die Quelle der Angst liegt nicht eigentlich in der äußeren Welt, also den Pferden, sondern in den unterdrückten und daher drängenden libidinösen Wünschen des Jungen. Es zeichnet sich ein Teufelskreis ab: Je mehr der Junge seine Wünsche unterdrücken muß, um so mehr steigert sich seine Angst (vor Pferden). Die Angst ist Freud zufolge eine Kastrationsangst, die aus dem Ödipuskomplex entspringt.

Der Ödipuskomplex ist Höhepunkt einer Phase, die jeder Mensch in seiner psychischen Entwicklung durchläuft. In dieser Phase spielen beim Jungen die Kastrationsangst, beim Mädchen der Penisneid eine große Rolle. Indem das Kind seine Geschlechtsidentität findet, entwickelt es infantile libidinöse Triebwünsche zum gegengeschlechtlichen Elternteil. Häufig äußern Kinder dann den Wunsch, den entsprechenden Elternteil heiraten zu wollen. Durchläuft das Kind diese Phase erfolgreich, so geht der Ödipuskomplex unter, und das Kind akzeptiert bewußt, daß es in libidinöser Hinsicht sozusagen der vom Elternpaar »ausgestoßene Dritte« ist. Die Energie, die vorher in seinen Triebwünschen gebunden war, kann in der folgenden Latenzphase frei zur Entwicklung kognitiver Fähigkeiten eingesetzt werden.

Nach Freud wird der Ödipuskomplex durch einen psychischen Vorgang, den er »Sublimierung« nennt, bewältigt. Infantile sexuelle Wünsche werden in Libido umgewandelt, die sich dann in der Latenzphase auf höhere kulturelle Ziele richten kann. Nach der »Libidotheorie« sind alle kulturellen Leistungen der Menschheit Akte der Sublimierung von libidinösen Wünschen.

Dabei ist zu beachten, daß Verdrängung und Sublimierung zwei grundverschiedene psychische Vorgänge sind: Während bei der Verdrängung die Frustration des libidinösen (lustvollen) Wunsches nicht angenommen werden kann und manchmal im Dienste der Abwehr dieser Frustration sogar Großes geleistet wird, erwächst bei der Sublimierung die kulturelle Schaffenskraft aus der Annahme der Frustration.

Dazu ein Beispiel: Ein Mann wird, aus welchen Gründen auch immer, von seiner Traumfrau abgewiesen. Daraufhin kann er sich verbissen seiner beruflichen Karriere zuwenden, davon besessen sein, etwas Großes zu leisten, um es der Traumfrau dadurch »zu zeigen«. Er wird zum Workaholic, Zeichen einer schmerzlichen, unverdauten Frustration. Der Mann kann die Frustration aber auch annehmen und alle damit verbundenen schmerzlichen Gefühle durchleben. Er kann so eine Wandlung seiner Libido erleben und diese jetzt, frei von neurotischen Fixierungen, für andere Zwecke, etwa zum Aufbau seiner beruflichen Karriere nutzen. Entscheidend dabei ist nicht, welcher der beiden Wege den größeren beruflichen Erfolg zeitigt. Nur durch die Sublimierung besteht jedoch die Möglichkeit, die Libido an höhere kulturelle Ziele zu binden. Nur so kann jemand, der kulturelle Ziele anstrebt und erreicht, auch wirklich Befriedigung erfahren.

Die Sublimierung, die Freud als Möglichkeit der Umwandlung libidinöser Triebwünsche beschreibt, umfaßt meiner Meinung nach das, was im vorigen Kapitel als der Vorgang der bewußten Selbsterfahrung definiert wurde.

Nach Freud ist die ödipale Phase jene Entwicklungsphase, während der verstärkt Neurosen entstehen und es in Form von einer Fixierung an unreife sexuelle Wünsche zu einer Störung in der gesamten Entwicklung kommen kann. Zwar sind in den letzten Jahrzehnten die Theorie des Ödipuskomplexes und insbesondere die Ausführungen zur Kastrationsangst und zum Penisneid in der Forschung heftig kritisiert worden, doch bestätigen zahlreiche Fälle von Neurosen aus meiner psychotherapeutischen Praxis Freuds Erkenntnisse.

Das Inzesttabu

Warum ist die ödipale Phase so gefährlich für die psychische Entwicklung eines Menschen, und welche Auswirkungen hat sie auf sein Selbstbewußtsein?

Häufig kommt es schon vor Beginn der ödipalen Phase zu neurotischen Entwicklungen, die die Entwicklungsaufgabe der ödipalen Phase behindern oder gänzlich unterbinden. Aus der ödipalen Problematik selbst ergibt sich aber ein Mangel an Selbstbewußtsein, der mit dem Inzesttabu zusammenhängt. Wenn sich ein Kind in dieser Phase mit der Frage nach seiner Geschlechtsidentität – »Wer bin ich als kleiner Mann?« oder »Wer bin ich als kleine Frau?« – seiner Umwelt präsentiert, besteht die Gefahr, daß es von seinem gegengeschlechtlichen Elternteil emotional nicht stimmig gespiegelt wird. Oftmals werden von dem betreffenden Elternteil unterschwellig libidinöse Antworten gegeben, weil sie moralisch mit dem Inzesttabu unvereinbar sind. Daher besteht meist schon bei den Eltern in diesem Punkt ein blinder Fleck im Selbstbewußtsein, sie können also ihre libidinösen Gefühle dem Kind gegenüber nicht bewußt wahrnehmen.

Erinnern wir uns an den in Kapitel 1 beschriebenen Jungen, der sich nicht dumm fühlen konnte. Wann immer seine Mutter ihn als dumm und bedürftig wahrnahm, ließ sie dies aufgrund ihrer eigenen Probleme mit diesem Punkt nicht zu und spiegelte ihr Kind daher unstimmig.

Die Brisanz der sexuellen Thematik führt häufig dazu, daß Eltern ihre erotischen Wünsche gegenüber ihren Kindern nicht bewußt zulassen dürfen und können. Da so ein stimmiger emotionaler Eltern-Kind-Dialog nicht möglich ist, werden diese Kinder immer einen blinden Fleck in ihrem Selbstbewußtsein davontragen und durch ihn übermäßig an den gegengeschlechtlichen Elternteil gebunden bleiben. Manchmal nehmen Eltern zwar ihre libidinösen Gefühle wahr, schaffen es jedoch durch Abwehrmechanismen, sie nicht tiefer bewußt werden zu lassen. Die Gefühle werden dann häufig bagatellisiert, man »findet nichts weiter dabei«. Ein durch solche Abwehrmechanismen bereits gefühllos gewordener Vater, der seine Tochter sexuell belästigt hatte, meinte etwa: »Natürlich finde ich meine Tochter geil. Haben Sie schon mal ihre Brüste gesehen?« Der Ausspruch dieses über vierzigjährigen Familienvaters erinnerte mich an den eines siebzehnjährigen rechtsradikalen Jugendlichen, der sagte: »Natürlich finde ich es geil, wenn ich jemandem die Fresse polieren kann und das Blut spritzt.« In beiden Fällen kann die eigene Destruktivität aufgrund eines Abwehrpanzers nicht ausreichend tief bewußt erlebt werden. Eine biochemische Reaktion kann so nicht ausgelöst werden, der Betroffene empfindet also auch keine Reue und kann sich emotional nicht wandeln.

Man kann davon ausgehen, daß neben anderen Schranken auch die Inzestschranke genetisch im Menschen angelegt ist. Eine gesunde Entwicklung der Kinder setzt voraus, daß die Eltern sie vor sexuellem Mißbrauch schützen. Evolutionsbiologisch werden die genetischen Anlagen immer im Hinblick auf eine optimale Entwicklung der Spezies bereitgestellt. Als Beweis dafür, daß letztlich eine Schranke gegen gewalttätig-destruktives Verhalten besteht, kann die Tatsache gelten, daß sich die Menschheit noch nicht gegenseitig ausgerottet hat. Abgerufen werden können diese genetischen Anlagen jedoch nur, wenn ein Mensch durch bewußte Selbsterfahrung ausreichend Selbstbewußtsein entwickeln konnte.

Im folgenden Beispiel wird beschrieben, wie die Inzestschranke belebt werden konnte.

Ein etwa fünfzigjähriger Familienvater, der an einer
Depression litt, berichtete im Rahmen seiner
Behandlung von der unbefriedigenden Beziehung zu
seiner Frau. Er erzählte, daß er bei jedem sexuellen
Kontakt mit seiner Frau das Bild einer jungen attraktiven
Frau phantasiere. Der Therapeut forderte ihn auf, diese
junge Frau näher zu beschreiben, und rasch wurde
deutlich, daß es sich um die Tochter des Patienten
handelte. Dem Patienten war dies noch gar nicht
bewußt geworden. Auf die Frage des Therapeuten, ob er
seine Tochter denn ab und zu schon einmal nackt
gesehen habe, veränderte sich sein Gesichtsausdruck
merklich. Er schien nachdenklich, hielt inne, und wenige
Sekunden später zeigten sich deutlich die Folgen eines
Aha-Erlebnisses: Er schämte sich sichtlich, schlug die
Hände vors Gesicht und begann aus tiefstem Innern zu
weinen. Indem er seine inzestuösen Wünsche bewußt
zuließ, konnte die Inzestschranke in ihm jetzt ihre
Wirkung entfalten. Er war sich darüber bewußt geworden, daß er jahrelang phantasiert hatte, statt mit seiner
Frau mit seiner Tochter zu schlafen. Später berichtete
der Patient, daß sich das Verhältnis zu seiner achtzehnjährigen Tochter inzwischen völlig verändert habe,
da er ihr jetzt wirklich väterliche Gefühle entgegenbrin-
gen und sie völlig entspannt in den Arm nehmen könne.

Bei dem Vater konnte in diesem Fall die Inzestschranke
belebt werden, zu fragen wäre natürlich auch nach den
abgewehrten libidinösen Wünschen der Tochter. In der
Therapie wurde dieser Punkt jedoch nicht angesprochen.
Wir können aber davon ausgehen, daß die Tochter im stimmigen emotionalen Dialog mit ihrem Vater, der sich psychisch weiterentwickelt hat, den blinden Fleck in ihrem

Selbstbewußtsein bewältigen wird. Dann wäre eine Entwicklungsaufgabe, die eigentlich in der ödipalen Phase hätte bewältigt werden müssen, zu einem viel späteren Zeitpunkt nachgeholt worden.

Oft gelingt es auch in der Therapie nicht, blinde Flecken im Selbstbewußtsein eines Patienten, die sich auf das Thema Sexualität beziehen, zu beheben. Handelt es sich dabei um ein neurotisches Kind, das bei seinen Eltern lebt und permanent mit diesen in einem emotionalen Dialog steht, so müssen zuerst einmal die blinden Flecken der Eltern abgebaut werden. Dies ist jedoch häufig schwierig, da Eltern in der Regel schon die Möglichkeit, daß sie erotische Wünsche gegenüber ihren Kindern hegen, weit von sich weisen. Nicht selten muß dann die Therapie abgebrochen werden.

Das Kind wird später, als Jugendlicher oder Erwachsener, wenn es Probleme in eigenen Liebesbeziehungen hat, auf seine abgewehrten sexuellen Wünsche gegenüber dem Elternteil stoßen. Sie zeigen sich dann, wenn sie nicht durch sekundäre Abwehrschritte weiter abgewehrt wurden, in deckungsgleicher Konstellation. Wie dies im einzelnen aussieht, hängt von der jeweiligen Lebenssituation des Betreffenden ab.

Die Entwicklungsaufgabe in der ödipalen Phase

Da die ödipale Phase in der Theorie der Psychoanalyse ein zentrales Thema darstellt, soll die Bewältigung der entsprechenden Entwicklungsaufgabe hier beschrieben werden. Die übrigen Entwicklungsphasen sollen, unter Berücksichtigung der Funktion der Hauptbezugsperson, im nächsten Kapitel erläutert werden.

Verliebt sich ein Mann beispielsweise immer wieder in
für ihn unerreichbare Traumfrauen, so hat er unbewußt
den Wunsch, die stimmige Frustration, die er während der
ödipalen Phase nicht erhalten hat, endlich in einer dieser
Beziehungen erleben zu können. Er hat seine Entwicklungsaufgabe in der ödipalen Phase noch nicht bewältigt.
Die Traumfrau steht für die Mutter, für die er als kleiner
Junge nicht der ersehnte Partner sein konnte. Im Einzelfall
sind solche Probleme oft schwer nachzuvollziehen, doch
bei einer gut verlaufenden Therapie können verdrängte
Wünsche wiederbelebt werden. Gelingt es dem Therapeuten, den Patienten dabei stimmig zu spiegeln, so kann dieser die frustrierenden Stücke der Realität von damals annehmen. Die Frustration, die angenommen werden muß,
lautet: »Obwohl ich mich als kleiner Junge so sehr angestrengt habe, für meine Mutter die Rolle des Partners auszufüllen, kam ich für sie als Partner nicht in Frage.« Erst
wenn diese Erkenntnis schmerzvoll verdaut wurde, kann
es zu einer Veränderung kommen. Der Patient muß dann
nicht mehr weiter unter dem Druck des Verdrängten Situationen suchen, die der ursprünglichen Konfliktsituation
entsprechen. Er kann sich jetzt seinen echten Wünschen
zuwenden und sich endlich auf Partnersuche begeben.
Was zuvor stattgefunden hat, war keine echte Partnersuche, es war vielmehr der stets wiederkehrende Versuch,
sein ödipales Problem zu lösen. Oft bleibt es ein ganzes
Leben lang bei solchen neurotischen Wiederholungsvor-
gängen, der Betroffene tritt auf der Stelle, seine Situation
verändert sich nicht wirklich, und er erfährt keine wirkliche Befriedigung in seinen Partnerschaften. Dasselbe gilt
natürlich auch für Frauen, die sich immer wieder in Männer verlieben, die bereits gebunden sind oder die zumindest Untreue signalisieren. Wichtig dabei ist, daß die un-

glückliche ödipale Dreieckskonstellation wiederbelebt wird. Unbewußt versuchen auch diese Frauen, die Entwicklungsaufgabe, die eigentlich während der ödipalen Phase zu leisten gewesen wäre, nachzuholen.

Meines Erachtens verspürt jedes Kind im Verlauf seiner psychischen Entwicklung den Wunsch, für einen Elternteil Partner zu sein. Dies entspricht einem Austesten der eigenen Grenzen, ein aggressives Verhalten, das besonders ab der Trotzphase provozierend auftritt. Im Grunde genommen will das Kind immer »den ganzen Kuchen« haben, und es ist die Erziehungsaufgabe der Eltern, das Kind stimmig zu frustrieren. Das bedeutet, im übertragenen Sinn, zu sagen: »Ich nehme zwar wahr, daß du den ganzen Kuchen haben willst, aber da du noch klein bist, gibt es nur ein kleines Stück.« Wenn das Kind die Frustration annehmen kann, wird es zwar zunächst enttäuscht sein, kann dann jedoch gerade über diesen Zustand der Enttäuschung zur Befriedigung finden. Befriedigung entsteht nämlich nur dann, wenn die Grenzen stimmig aufgezeigt werden. Indem die Eltern dem Kind zeigen, was gut für es ist, lernt das Kind, selbst zu erkennen, was gut und stimmig für es ist. Für das Kind ist es unmöglich, die Grenzen allein zu erkennen. Es würde sich vermutlich am Kuchen überessen, sich dabei den Magen verderben und später entweder eine grenzenlose Gier oder einen Ekel entwickeln. Auch wenn die Eltern dem Kind unangemessene Vorwürfe dafür machen, daß es »den ganzen Kuchen« will, wird es in seinen Wünschen nicht richtig angenommen und gespiegelt. Der Wunsch muß dann vom Kind verdrängt werden, und es wird eine trotzige Bedürfnislosigkeit an den Tag legen. Die klassische Trotzhaltung eines Kindes ist immer Ausdruck dafür, daß Ansprüche der Eltern, die es überfordern, ad absurdum geführt werden.

Auf die ödipale Situation übertragen verläuft die Grenzensuche folgendermaßen: Den ganzen Kuchen haben
wollen bedeutet, das Kind hat den Wunsch, schon eine
geschlechtsreife Frau bzw. ein geschlechtsreifer Mann zu
sein. Es will so wie die Mutter oder der Vater sein können
oder sogar besser, denn der ödipale Wunsch zielt immer
auch darauf ab, den gleichgeschlechtlichen Elternteil, der
als Rivale betrachtet wird, auszustechen. Im Idealfall wird
dem Kind dieser Wunsch stimmig gespiegelt, und es wird
liebevoll frustriert. Erfährt das Kind jedoch unterschwellig
oder auch offen vom Gegenüber den Wunsch, Partner-
ersatz zu sein, so wird es sich bereitwillig die »zu großen
Schuhe anziehen« und süchtig danach werden, die Rolle
auszufüllen. Der süchtige Zug entwickelt sich deshalb,
weil das Kind in dieser unstimmigen Rolle keine stimmige
Befriedigung erfahren kann. Sucht entsteht immer dann,
wenn das befriedigende Erleben der eigenen Grenzen
fehlt. Das Kind kann jedoch seine eigenen Grenzen nicht
finden und wird daher durch provozierendes Verhalten
immer wieder dazu auffordern, daß man ihm Grenzen
setzt. Ist die Grenzensuche jedoch einmal zum neurotischen Verhaltensmuster geworden, so sind die Eltern in
der Regel damit überfordert, dem Kind ein stimmiges Erleben seiner Grenzen zu vermitteln.

Wie zeigt sich mangelndes Selbstbewußtsein bei Kindern, denen die stimmige Spiegelung ihrer eigenen Rolle
fehlt? An diese Kinder werden vom gegengeschlechtlichen
Elternteil partnerschaftliche Erwartungen gerichtet, wobei
die erotische Komponente mehr oder weniger ausgeprägt
sein kann. Bei kleinen Mädchen zeigt sich etwa ab dem
dritten Lebensjahr ein »Lolita-Syndrom«. Solche Mädchen haben eine eindeutig sexualisierte, laszive Ausstrah-
lung. Sie haben ein falsches Selbstbild und verhalten sich

genauso wie geschlechtsreife Frauen. Die frustrierende Realität, die sie abwehren, ist, daß sie eben »nur« kleine Mädchen sind. Das Gegenstück bei den Jungen sind kleine »Machos«, die durch angeberisches, großspuriges Verhalten besonders auf Frauen Eindruck machen möchten. Da diese Kinder sich durch aggressive Ausbrüche, tyrannisches Verhalten und eine Trennungsängstlichkeit von der Mutter auszeichnen, kommt es zu Erziehungsschwierigkeiten. Die Kinder stehen ferner unter permanenter Anspannung, um ihr falsches Selbstbild aufrechtzuerhalten. Ihre »überspannte« Körperhaltung entlädt sich über weite Strecken in hypermotorischem Verhalten oder kann zu zwanghaftem Verhalten führen.

Wenn Kinder die falsche Rolle, in der sie sich befinden, nicht offen ausleben können, wird ein weiterer Abwehrschritt nötig, d. h. sie müssen das aufgeblähte Größenselbst verdrängen. Solche Kinder sind dann derart zurückgenommen, daß sie in ihren Reaktionen stark verzögert sind und häufig wie benebelt wirken. Sie wissen sehr wenig über sich selbst und ihre eigenen Bedürfnisse Bescheid. Es sind dies Kinder, die nach unseren allgemeinen Vorstellungen an einem mangelnden Selbstbewußtsein leiden. Sie sind zögerlich, verunsichert, nehmen ihr Innenleben kaum wahr und tun sich schwer, darüber zu berichten. Sie sind in ihrer Aggressivität gehemmt, kapseln sich von ihrer Umwelt ab. Häufig weisen sie Phobien auf, die mit Feuer oder Tieren zu tun haben, manchmal leiden sie auch körperlich, etwa an Asthma. Nicht selten treten bei diesen Kindern auch Tics auf. Auf dieser Abwehrstufe ist der natürliche Auftrieb des Abgewehrten deutlich schwächer und diffuser, und es ist für den Therapeuten oft sehr schwer, auf ein verdrängtes Größenselbst zu schließen. Meist offenbart es sich in Berichten über Träume oder durch Zeichnungen als eine unbewußte Phantasie. Im Verlauf der therapeutischen Behandlung muß dann zunächst versucht werden, das Größenselbst, das in ödipaler Hinsicht besteht, neu zu beleben, d. h. die Blockade des zweiten Abwehrvorgangs aufzulösen. Ganz entscheidend dabei ist die Unterstützung der Eltern, die einsehen müssen, daß die Störungen ihres Kindes mit ihrem eigenen Verhalten zusammenhängen. Erst wenn das Kind sich getraut, sein Größenselbst mit allen Begleiterscheinungen, die dazugehören, zu zeigen, kann es zu einer stimmigen Frustration kommen.

Kann ein Kind in der ödipalen Phase die anstehende Entwicklungsaufgabe bewältigen, so wird es seine unreife Geschlechtlichkeit akzeptieren und es nicht als Makel empfinden, »nur« Kind zu sein. Es wird zwar im Spiel, etwa als Puppenmutter, seine geschlechtsspezifische Rolle vorwegnehmen, dies ist jedoch nicht mit dem krampfhaften Bemühen vergleichbar, eine unangemessene Rolle aufrechtzuerhalten, um die unangemessene Bestätigung eines Erwachsenen zu erhalten. Beim normalen kindlichen Spiel sind Kinder in der Regel entspannt, ja manchmal geradezu versunken. Wenn sie so Dinge ausprobieren, sind sie mit sich selbst beschäftigt und nicht in erster Linie auf die Bestätigung von Erwachsenen aus. Können Kinder auf diese Weise ihr Kindsein genießen, so verläuft ihre psychische Entwicklung positiv, und sie können Schritt für Schritt Selbstbewußtsein aufbauen. Ein ödipaler Konflikt hingegen führt dazu, daß die Chancen, sich über weite Strecken unbeschwert als Kind zu erleben, unwiederbringlich verloren sind.

Es gibt aber noch weitere Ansatzpunkte, die die Entwicklung des Selbstbewußtseins in der ödipalen Phase behindern können. Wenn Eltern sich etwa ein Kind mit einem anderen Geschlecht gewünscht haben, ist es möglich, daß ihr Kind sein Leben lang auf der Suche nach seiner geschlechtlichen Identität sein wird.

Auch das Thema des sexuellen Mißbrauchs gehört hierher. Es ist bereits im Zusammenhang mit der unstimmigen, erotisch verführenden Spiegelung des Kindes seitens eines erwachsenen Elternteils angeschnitten worden. Bei einem sexuellen Mißbrauch im Sinne einer Vergewaltigung aber spielt aggressive körperliche Bemächtigung die Hauptrolle. Bei solch einer Traumatisierung geht es um den elementaren Bereich der persönlichen Integrität. Das Kind bekommt auf seine Frage: »Wer bin ich in geschlechtlicher Hinsicht?« die niederschmetternde Antwort: »Du bist jemand, der unterworfen, geknechtet und ausgebeutet werden kann.« Als Folge tritt meist eine psychotische Abwehr ein. Kann das Opfer des sexuellen Mißbrauchs den Vorfall verdrängen, so muß es zur psychischen Heilung – wie alle Opfer von Gewaltverbrechen – zuerst die eigenen, im ursprünglichen Zusammenhang nicht erlebten chaotisch-aggressiven Gefühle durchleben und dabei beruhigenden Halt erfahren. Erst hernach kann das Finden der eigenen sexuellen Identität thematisiert werden.

KAPITEL 5

Der Einfluß der Eltern auf die Entwicklung des Selbstbewußtseins

Die Bedürftigkeit des Säuglings

Was den Menschen am Beginn seines Lebens als Neugeborenen am treffendsten charakterisiert, ist seine allumfassende Bedürftigkeit. Da zu diesem Zeitpunkt das Selbstbewußtsein eines Menschen noch nicht entwickelt ist, bedeutet dies, daß er über seine Bedürftigkeit noch nicht Bescheid weiß. Abgesehen von der Tatsache, daß der Mensch in diesem körperlich unreifen Stadium ohnehin nicht dazu imstande wäre, seine Bedürfnisse selbst zu befriedigen, kann er sich noch nicht einmal als einen Bedürftigen erkennen. Er ist darauf angewiesen, daß die Mutter seine Bedürfnisse erkennt, ihm diese spiegelt und sie in ausreichendem Maße befriedigt. Ebenso wie der Mensch in diesem Stadium nicht in der Lage ist, Nahrung ohne Hilfe aufzunehmen, ist er nicht in der Lage, Realität ohne Hilfe aufzunehmen. Er ist in beiden Fällen darauf angewiesen, von der Mutter »gefüttert« zu werden. Um sich entfalten zu können, bedarf der Mensch der psychischen genauso wie der körperlichen Pflege. Die beiden Bereiche sind oft nur schwer voneinander zu trennen. Pflege bedeutet in erster Linie Schutz und angemessene Versorgung. Die Pflege, welche die psychische Entwicklung fördert, ist die Abschirmung des Säuglings vor bedrohlicher Realität und die Fütterung mit für ihn annehmbaren, im psychischen Sinne »mundgerechten« Stücken der Realität. Außerdem bedarf er bei der psychischen Verdauung der Unterstützung, genauso wie er gelegentlich bei körperlichen Verdauungsstörungen besonderer Zuwendung bedarf. Zwischen beiden Arten von Verdauungsstörungen besteht – nicht nur beim Säugling – oftmals eine Wechselwirkung.

Nach der Geburt ist der Säugling psychisch gesehen in einem Zustand der Isolation. Er kann aus dieser Isolation nur mit der Hilfe einer Bezugsperson, die im Regelfall die Mutter ist, herauskommen. Sie ist die wichtigste Vermittlerin der Realität, indem sie für den hilflosen Säugling die ersten Verbindungen zur Realität bahnt. Dies geschieht, indem sie sich in den Säugling hineinversetzt und mit ihm fühlt. So kann er sich der Realität gegenüber öffnen; Zugang zur Realität zu finden bedeutet für einen Säugling zunächst nichts anderes, als Zugang zur eigenen Bedürftigkeit zu finden. Sind die Anfänge des Selbstbewußtseins noch ein dumpfes Spüren der eigenen Bedürftigkeit, so wird eben durch dieses stimmige Mitfühlen der Bezugsperson daraus ein zunehmend klareres Gefühl für die eigenen Bedürfnisse entwickelt. Die sogenannte »psychische Geburt« (s. Louise Kaplan, »Die zweite Geburt«), die normalerweise um das zweite Lebensjahr stattfindet, wird bezeichnenderweise durch die Äußerung »Ich will!« angekündigt. Dadurch zeigt das Kind, daß es einen Zugang zu seinen Bedürfnissen gefunden hat. Es kann differenzierte Angaben über seine Bedürfnisse machen und zu fordern beginnen.

Die Bedürftigkeit eines Säuglings mobilisiert normalerweise starke Gefühle. Der Anblick eines Säuglings löst beim Erwachsenen automatisch aus, daß dieser auf ihn eingeht und sich in ihn hineinversetzt. Die Körperhaltung, der Gesichtsausdruck und vor allem die Stimmlage verändern sich spontan. Besteht aber beim Erwachsenen ein Mangel an Selbstbewußtsein, so wird er sich nicht auf den Säugling »einlassen« können. Er wird ihn dann vielleicht als Bedrohung empfinden, da aufsteigende starke Gefühle immer eine Bedrohung für solche Menschen darstellen. Er muß sich also gegenüber dem Säugling, da dieser ihn gefühlsmäßig »anrührt«, verschließen. Er muß seine Abwehr verstärken, damit er nicht Gefahr läuft, daß seine »alten« verdrängten Gefühle durchbrechen. Er wird in jedem Fall nur gehemmt reagieren können. Dies überträgt sich in erster Linie atmosphärisch, auch wenn der Betreffende sich noch so große Mühe gibt, seine Unsicherheit zu verbergen. Man kann sich leicht vorstellen, daß dies zu einer Verunsicherung des Säuglings führt, wenn es die Mutter ist, die an einem Mangel an Selbstbewußtsein leidet.

Die psychische Fütterung

Durch die psychische Fütterung wird es dem Säugling möglich, Realität aufzunehmen, zu verinnerlichen und zu verdauen. Die Ansatzpunkte ergeben sich dort, wo ihn die Realität betrifft. Hat er beispielsweise Hunger oder Bauchweh, so wird er sozusagen von der Realität »gezwickt«. Als erstes beginnt sich die Realität beim Säugling in Form von diffusen Spannungsgefühlen im Körper bemerkbar zu machen, denen er hilflos ausgeliefert ist. Wird er alleingelassen, so kann er aufgrund von unangenehmen Spannungsgefühlen schnell in chaotische, lebensbedrohliche Zustände gelangen. Er kann dann weder körperliche noch

psychische Nahrung zu sich nehmen. Er muß anschließend ausreichend lange beruhigt und getröstet werden,
um wieder aufnahmefähig zu werden. Indem die Mutter
sich in den Säugling hineinversetzt, und mit ihm emotional »mitschwingt« (D. W. Winnicott, »Von der Kinderheilkunde zur Psychoanalyse«, S. 157ff.), bereitet sie die Realität als psychische Nahrung für den Säugling auf. Sie muß
sich auf seine »Wellenlänge« einstellen. Dadurch entsteht
eine Atmosphäre, in der sich der Säugling erkannt, angenommen und letztlich sicher fühlt. Nur so gelingt es ihm,
seine Spannungsgefühle anzunehmen und sich zunehmend selbst zu erkennen. Durch die psychische Fütterung
werden dem Säugling seine eigenen Gefühle und Bedürfnisse atmosphärisch vermittelt. Je mehr er Zugang zu seinen Gefühlen bekommt, um so weniger ist er ihnen ausgeliefert. Gelingt die Fütterung, kommt es beim Säugling zu
einem emotionalen Aha-Erlebnis, zur vorerst vagen Selbstwahrnehmung. Dabei muß die Mutter – da der Säugling
noch kein Ich hat – als Hilfs-Ich fungieren. Wie in Kapitel
3 ausgeführt, können sich Erwachsene ohne Hilfe Dinge
bewußt machen und von sich aus zu einer Selbstwahrnehmung gelangen. Sie können sich selbst spiegeln, sich
in der Realität erkennen und sie als Spiegel benutzen. Ein
Säugling aber ist noch durchgängig auf einen Spiegel angewiesen, der ihn erkennt. Damit ein Funke überspringen
kann und etwas vom Selbst des Säuglings belebt wird,
muß er möglichst stimmig gespiegelt werden. Das wichtigste Merkmal der psychischen Nahrung ist daher, ob sie
stimmig und damit der Realität entsprechend ist.

Eine Mutter, die weitgehend in sich selbst stimmig ist,
wird offen für die Bedürfnisse ihres Säuglings sein und sie
ihm stimmig spiegeln können. Da er dadurch gut gefüttert
wird, wird er ein gesundes Selbstbewußtsein entwickeln

können. Was geschieht aber, wenn die Mutter in sich
selbst unstimmig, mit psychischen Konflikten behaftet ist?
Sie kann ihr Kind entweder offensichtlich vernachlässigen
oder ihm etwas vormachen, da sie sich, so wie sie wirklich
ist, dem Kind nicht zumuten will. Außerdem besteht noch
die Möglichkeit – und dies stellt für die psychische Entwicklung des Kindes die schlechteste Variante dar –, daß
die Mutter sich selbst und dem Kind etwas vormacht. In
jedem Fall wird aber die Mutter ein Spiegel sein, der blinde Flecken aufweist. Dies beeinträchtigt die psychische
Fütterung. Der Säugling wird sich von Anfang an bemühen, sich nach Möglichkeit anzupassen. Dort wo beim
Gegenüber die blinden Flecken sind, wird er Scheinbedürfnisse entwickeln. In den Bereichen, in denen er
nicht lernt, sich selbst und seine Bedürfnisse wirklich zu
spüren, werden aber seine echten Bedürfnisse auch nicht
belebt.

Wird ein Säugling, wenn er hungrig ist, stimmig gespiegelt, lernt er dadurch allgemein seine Bedürfnisse klarer
zu spüren. Er wird offener für die Nahrungsaufnahme sein
und besser Befriedigung finden als ein Säugling, der nur
mechanisch gefüttert wird. Die ersten wichtigen Lernprozesse stehen stets im Zusammenhang mit der körperlichen
Fütterung.

Ist ein Säugling hungrig, kann aber zu diesem Zeitpunkt
aus irgendeinem Grund nicht gefüttert werden, oder hat er
irgendein Bedürfnis, das die Mutter nicht erfüllen kann,
ist es bei weitem schwieriger, ihn mit der bestehenden
Realität zu füttern. Indem die Mutter mit ihm mitfühlt und
mitleidet – etwa wenn er Bauchschmerzen hat –, indem
sie ihn körperlich zusammenhält, macht sie es möglich,
daß der Säugling die Spannungsgefühle aushalten kann,
ohne dabei in existentielle Not zu geraten. Durch beruhi-

genden mitfühlenden Körperkontakt hilft sie ihm, das Unangenehme anzunehmen und zu verdauen.

Ist eine Mutter in sich selbst unstimmig, wird sie besonders dann, wenn es darum geht, den Säugling mit frustrierender Realität zu füttern, schnell an ihre Grenzen stoßen. Sie wird nicht in der Lage sein mitzuleiden, sie muß sich gefühlsmäßig distanzieren. Dadurch wird die psychische Fütterung unterbrochen. Solche Situationen sind deshalb besonders problematisch, da immer auch aggressive Gefühle geteilt werden müssen, da das Kind gegen die Annahme unangenehmer Gefühle Aggressionen mobilisiert. Ist die Mutter aggressiv gehemmt, da »alte« aggressive Gefühle, die mit dem Kind nichts zu tun haben, in ihr verdrängt sind, besteht die Gefahr, daß diese durchbrechen. Sie wird aus einer Abwehrreaktion heraus beginnen zu agieren. Sie wird vielleicht versuchen, das Kind körperlich zu füttern, obwohl sie eigentlich weiß, daß es nicht hungrig sein kann. Sie wird hektisch dieses oder jenes versuchen, um den Zustand abzustellen, da er für sie bedrohlich ist. Ist eine Mutter jedoch in der Lage, aggressive Gefühle stimmig zuzulassen, wird dies ihrer Haltung gegenüber dem Kind eine Bestimmtheit verleihen, die dem Kind Sicherheit gibt. Je verzweifelter sie sich aber bemüht, ihre Aggressivität abzuwehren, desto größer wird die Gefahr, daß ihre Aggressionen schließlich doch durchbrechen. Es kann dann ungewollt zu heftigen Reaktionen kommen, wobei sich Aggressionen entladen, die mit dem Kind gar nichts zu tun haben. Sind die Aggressionen der Mutter jedoch von ihr völlig unter Verschluß gehalten, wird das Kind aufgrund der durchgängig unstimmigen Atmosphäre wenig wirklichen Halt finden. Es besteht sogar die Gefahr, daß das Kind an krankhaften psychotischen Zuständen leidet (s. Beispiel dazu am Ende des 2. Kapitels, S. 48).

Die Symptome, die sich einstellen können, wenn die frühe psychische Nahrung nicht in ausreichendem Maß der Realität entsprochen hat, können sehr unterschiedlich sein. Die offizielle Diagnose lautet in solchen Fällen: »Depressive Störung aufgrund einer frühen Störung in der Mutter-Kind-Beziehung«. Die Depression ergibt sich aus dem blockierten Zustand, der dadurch entsteht, daß das Kind einerseits danach giert, stimmig erkannt zu werden, andrerseits alles dafür tut, dies zu verhindern. Um sich an die Mutter anzupassen, können Kinder schon sehr früh beginnen, den Mangel an Selbstwahrnehmung bis zu einem gewissen Grad zu überspielen. Dies gelingt aber nur, wenn die Behinderung nicht zu groß ist, wenn ein gewisses Maß an Verankerung in der Realität stattfinden konnte. Um die blinden Flecken in der frühen Spiegelung auszufüllen, beginnen die Kinder der Mutter zuliebe ein »Scheinselbstbewußtsein« zu demonstrieren. Sie geben vor zu wissen, was sie wollen. Es wird aber nach einiger Zeit unweigerlich deutlich, daß sie ihre wirklichen Bedürfnisse nicht spüren, da sie schlecht das Gefühl der Befriedigung erfahren können. Deshalb können sie schlecht zur Ruhe kommen, was sich durch Zappeligkeit und Getriebensein ausdrücken kann. In meiner therapeutischen Arbeit mit vorwiegend neurotischen Kindern und Jugendlichen stoße ich immer wieder auf solche Zustände, welche letztlich eine unbefriedigte depressive Grundstimmung ausmachen. Wenn im Verlauf einer Therapiestunde die Abwehrtätigkeit nachläßt, wenn sich nämlich die Demonstration von Scheinbedürfnissen erschöpft, zeigt sich eine schmerzvolle Verstrickung in sich selbst. Dieser Zustand spiegelt sich oft schon bei Kindern deutlich in einem unzufriedenen Gesichtsausdruck wider, der auftaucht, wenn sie sich nicht mehr zusammennehmen. Wie qualvoll dieser Zustand des »Nichtverstandenwerdens« sein kann, ist in diesen Gesichtern abzulesen.

Der Therapeut muß nun versuchen, ähnlich einer Mutter, die ihr Kind psychisch füttert, die echten Bedürfnisse des Patienten zu suchen, damit dieser sich erkannt fühlt und dadurch mit sich selbst »besser klarkommt«. Reicht die emotionale Spiegelung des Therapeuten aus und der Patient kann sich in seiner Bedürftigkeit selbst wahrnehmen, wird er sich öffnen und Hilfe annehmen. Im Gegensatz zum frühen emotionalen Dialog einer Mutter mit ihrem Kind ist dieser Dialog in der therapeutischen Beziehung erschwert, da der Patient bereits eine Mauer der Abwehr gegen sein Erkanntwerden errichtet hat. Diese Abwehrmauer besteht zum Großteil aus den Scheinbedürfnissen.

Hypermotorisches Verhalten mit den Diagnosen »HKS« und in den letzten Jahren zusätzlich mit »ADS«, »ADHD« versehen, geht meist darauf zurück, daß Kinder einfach nicht in der Lage sind, ihre echten Bedürfnisse deutlich genug zu spüren. Sie »hampeln« oberflächlich herum, sind zerstreut, schusselig und leicht durch äußere Reize abzulenken. Konzentrationsfähigkeit und Ausdauer sind stark beeinträchtigt, da die Selbstsicherheit fehlt, die daraus erwächst, daß man spürt, was man eigentlich will.

Eine weitere Symptomatik, die sich als Folge einer frühen Störung in der Mutter-Kind-Beziehung entwickeln kann, ist eine Eßstörung. Da zu Beginn des Lebens psychische und physische Fütterung so eng aneinander gekoppelt sind, wird der Zustand, sich nicht verstanden zu fühlen und damit sich selbst nicht zu verstehen, auf der Ebene der körperlichen Ernährung thematisiert. Der Betreffende demonstriert meist vorwurfsvoll, daß er nicht spürt, was er braucht und was ihm guttut. Aufgrund von quälenden Mißverständnissen und Unstimmigkeiten im Säuglingsalter entwickelt sich schon früh eine übermäßige Gier nach einer stimmig befriedigenden Mutter. Diese Gier bedingt eine orale Suchtanfälligkeit, die in der Pubertät in Form von einer Bulimie oder Anorexie auftauchen kann. Aber auch andere orale Suchterkrankungen, wie Alkoholismus, Nikotinabhängigkeit, Drogenabhängigkeit, die im Grunde verschleierte Eßstörungen sind, können sich auf diesem Hintergrund entwickeln (siehe Kapitel 6). Kann durch ausreichende psychische Fütterung das Hungergefühl stimmig erlebt werden, ist dies zugleich der erste Ausgangspunkt dafür, die eigene Aggressivität stimmig erleben zu können. Unter Eßstörungen leiden immer solche Menschen, die das eigene aggressive Wollen nicht richtig zulassen und äußern können. Ohne dieses den Forderungen Nachdruck verleihende Wollen ist aber dem Kind eine entwicklungsgemäße Abgrenzung von der Mutter nicht möglich. Ein Zustand der Abhängigkeit, des Ausgeliefertseins wird sich in allen Beziehungen – nach dem Vorbild der Beziehung zur Mutter – entwickeln. Menschen, die an einer oralen Suchterkrankung leiden, fühlen sich von den anderen abhängig und geraten deshalb in eine Opferrolle. Ihre Aggressivität können sie nur gegen sich selbst gerichtet ausleben. Unbewußt versuchen sie aber durch ihre Selbstzerstörung, die Mutter oder die Bezugsperson zu vernichten, an die sie, da sie ihnen nicht zur Befriedigung verhelfen konnte, süchtig gebunden bleiben.

Die Entwicklungsaufgabe in der oralen Phase

Die Entwicklungsaufgabe in der oralen Phase ist es, sich selbst spüren zu lernen. Dadurch, daß der Säugling von der Mutter immer wieder dazu gebracht wird, seine Gefühle aufzunehmen – sie wahrzunehmen –, wird sein Spüren immer deutlicher. Vorrangiges Thema sind seine Hungergefühle nach Nahrung, aber auch nach körperlicher und psychisch-emotionaler Zuwendung. Mit zunehmender (Selbst)Erfahrung gelingt es ihm, seine Gefühle zuzuordnen. Er spürt schließlich, was er braucht. Dies ist der Beginn der Entwicklung seines Selbstbewußtseins. Erreicht dieses Spüren nicht ein gewisses Maß an Klarheit, so ist die Bewältigung der weiterführenden Entwicklungsaufgaben in den folgenden Entwicklungsphasen zwangsläufig beeinträchtigt.

Die Bedeutung der Mutter oder der primären Bezugsperson ist in dieser oralen Phase am größten, da der Säugling absolut auf ein Gegenüber angewiesen und allein nicht überlebensfähig ist.

Am Ende dieser ersten Entwicklungsphase taucht das Ich im Kind auf und macht sich bemerkbar. Schon zuvor beginnt das Kind nach und nach selbst Funktionen zu übernehmen, die zuvor die Mutter als Hilfs-Ich inne hatte. Die wichtigste dieser Funktionen ist die Spiegelfunktion. Indem das Kind sich zunehmend selbst darüber klar werden kann, was es will, beginnt es dies irgendwie auszudrücken. Es wird immer mehr zu einem Dialogpartner der Mutter, die die ersten zarten bewußten Andeutungen des Säuglings am besten verstehen und dadurch bestätigen kann. Nur wenn gemeinsam mit der Mutter ausreichend Selbsterfahrung geübt wurde, kommt es zur Ausbildung dieser Ichfunktion. Das Ich ist eine psychische Instanz, die sich dann fortlaufend – das ganze Leben lang – durch stimmige Selbsterfahrung weiterentwickelt.

Indem sich das Kind in seinen Grundbedürfnissen bewußt wahrnimmt, erlebt es einen Drang, aktiv zu werden. Es entwickelt Absichten. Mit Hilfe seines Ichs plant und verwirklicht es diese. Die körperliche Reifung erlaubt ihm immer mehr Möglichkeiten, aktiv und gezielt aggressiv zu handeln. Das Ich gibt der körperlichen Entwicklung eine Richtung. So ist etwa der Motor dafür, daß das Kind sprechen lernt, der Wunsch, seine Bedürfnisse besser mitteilen zu können. War das Kind zuvor seiner Aggressivität ausgeliefert, kann es diese nun – auch zunehmend verbal – einsetzen.

Das gesunde Anzeichen dafür, daß ein Kind die Entwicklungsaufgabe der ersten Entwicklungsphase bewältigt hat, ist der Beginn der Trotzphase. Vehement beginnt es zu demonstrieren, daß es selbst weiß, was es will. Es ist nun besonders wichtig, daß das Kind nicht in seiner Selbstwahrnehmung verunsichert wird. Das heißt, es braucht nun dringend jemanden, der auf seine Wünsche eingeht und sie versteht. Dies bedeutet aber nicht, daß es jemanden braucht, der ihm alle Wünsche erfüllt. Es braucht ein gewisses Maß an Frustrationen, um überhaupt spüren zu können, was es braucht. Würde beispielsweise ein Säugling ständig gefüttert, könnte er sein Hungergefühl nicht spüren.

Es ist in diesem Zusammenhang wichtig zu betonen, daß es nicht in erster Linie Frustrationen sind, welche die psychische Entwicklung beim Kind beeinträchtigen. Es ist vielmehr das Fehlen von Einfühlung und Tröstung, das dem Kind einen psychischen Schaden zufügt. Solange in frustrierenden Situationen die echten Bedürfnisse im Säugling/Kind erkannt, bestätigt und aufrechterhalten werden können, geht auch bei einer nur geringen, nur lebenserhaltenden Befriedigung der Bedürfnisse die psychische Entwicklung weiter. So können Kinder, welche etwa in großer existentieller Not und Bedrängnis aufgewachsen sind, psychisch gut entwickelt sein und über ein gutes Selbstbewußtsein verfügen. Sogenannte beschützte und verwöhnte Wohlstandskinder hingegen können aufgrund mangelnder Spiegelung der eigenen Bedürfnisse einen gewaltigen Mangel an Selbstbewußtsein aufweisen.

Ob sich das Selbstbewußtsein eines Kindes gut entwickeln kann, hängt also davon ab, ob es in frühen frustrierenden Situationen eine Bezugsperson hat, die ausreichend mit ihm mitleiden kann. Da die Mutter für den Säugling die Vermittlerin der Realität ist, erlebt er sie einerseits – wenn er sich wohlfühlt – als die gute, versorgende, gewährende Mutter, andererseits – wenn er leidet und frustriert wird – als die böse, versagende Mutter. So ist zu Beginn des Lebens, aufgrund der eingeschränkten Sichtweise des Säuglings, noch an allem und jeglichem die Mutter schuld. Gelingt es nun der Mutter durch ihr Mitleiden (Füttern mit Realität), den Säugling dazu zu bringen, die Frustrationen anzunehmen, so bringt sie ihn dazu, sich mit der bösen Mutter – der bösen Realität – auszusöhnen. Kann sie seine Auflehnung, seine primitiven Wut- und Haßgefühle aushalten, wird er schließlich zum Leidenden, der sich von der Mutter beruhigen läßt und sie wieder liebt. Aufgrund solcher Erfahrungen lernt der Säugling Frustrationen auszuhalten. Es ist die Grundlage dafür, später die Realität, das heißt sich selbst und das Leben, trotz Frustrationen zu lieben und daran festzuhalten. Wird dieser Weg der Gefühlsverarbeitung gebahnt, kann sich im Säugling ein Urvertrauen entwickeln, wodurch er im späteren Leben liebes- und bindungsfähig wird. Würde ein Säugling keine solchen Erfahrungen machen, so könnte er nichts dazulernen und würde im Umgang mit seinen Gefühlen auf dem Stand eines Säuglings bleiben. Er könnte dann allein überhaupt keine Frustrationen aushalten, sondern würde auf sie mit psychotischer Abwehr reagieren.

Oft geschieht es aber, daß bereits entwickeltes Urvertrauen und Selbstsicherheit durch ein traumatisches Ereignis beeinträchtigt werden. Da die Frustration nicht ausgehalten werden kann, muß das eigene Bedürfnis verdrängt werden. Zur Beschreibung solch einer Situation möchte ich eine Untersuchung von Bowlby (J. Bowlby, »Trennung«, S. 22 ff.) anführen. Zehn Kinder im Alter von 15 bis 30 Monaten, die aufgrund eines plötzlich notwendig gewordenen Krankenhausaufenthaltes der Mutter für mehrere Wochen in einem Heim untergebracht werden mußten, wurden in ihrem Verhalten während und nach der Rückkehr der Mutter (bzw. der Eltern) beobachtet. Zwei von den Kindern schienen ihre Mutter überhaupt nicht mehr zu erkennen, die anderen acht wandten sich von ihr ab oder liefen vor ihr davon. Durch diese Reaktion der Kinder wird deutlich sichtbar, daß sie die frustrierende Realität, daß die Mutter plötzlich nicht mehr da war, nicht aushalten konnten. Die Sehnsucht nach der Mutter mußte abgewehrt werden. Aufgrund der errichteten Barriere gegen dieses Gefühl waren die Kinder beim Wiedersehen auch nicht imstande, das, was sie eigentlich brauchten, nämlich die Nähe der Mutter, zu spüren und anzunehmen. Um den innerpsychischen Konflikt wieder aufzulösen, der durch die Abwehr der allzu bedrohlichen Realität in diesen Kindern entstanden war, muß die schmerzliche Realität nachträglich verdaut werden. Indem beispielsweise eine Mutter beim Wiedersehen ihr Kind in den Arm nimmt und ihm sein verdrängtes Bedürfnis spiegelt, wie schlimm und furchtbar es doch gewesen sein muß, kann die Abwehr durchbrochen werden und das Kind zu seinen verdrängten Gefühlen kommen. Auflehnung, Wut und Schmerz müssen gemeinsam ausgehalten werden, bis das Kind bereit ist, sich von der Mutter trösten zu lassen.

Geschieht dies nicht und reagiert die Mutter hilflos oder gekränkt auf das Verhalten des Kindes, bleibt die Abwehrmauer gegenüber dem Bedürfnis nach Nähe bestehen. Das Kind wird möglicherweise später als Erwachsener aufgrund des neurotischen Wiederholungszwanges immer wieder seine Beziehungen zerstören und damit die ursprüngliche Konfliktsituation konstellieren. Dies zeigt, wie wichtig es ist, die wirklichen Bedürfnisse spüren zu können.

Die Trotzphase

Geht es in der ersten Entwicklungsphase darum, zu spüren, was man überhaupt braucht, so ist das Thema der zweiten Entwicklungsphase, wieviel man davon bekommt. Es besteht meist schon ein stimmiges Spüren der eigenen Bedürfnisse, was die Qualität betrifft, jedoch greift das Kind bezüglich der Quantität noch gehörig daneben. Die Wünsche der Kinder im Trotzalter zeichnen sich durch ihre Unmäßigkeit aus. Für die Eltern gilt es nun, dem Kind durch stimmige Frustrationen zur Befriedigung seiner Wünsche zu verhelfen. Zur weiterhin wichtig bleibenden Erziehungsaufgabe, dem Kind stimmig zu spiegeln, was es will, kommt nun die Aufgabe für die Eltern, dem Kind die richtige Quantität zuzuweisen. Geschieht dies im wahren Interesse des Kindes und mit verantwortungsvoller Konsequenz, so wird das Kind dabei erleben, daß Befriedigung etwas damit zu tun hat, das »richtige Maß« zu finden.

Anhand der Gebote und Verbote der Eltern entwickelt sich im Kind die psychische Instanz des Über-Ich, genauso wie sich in der vorangegangenen Entwicklungsphase durch die Spiegelung der Qualität der Bedürfnisse das Ich entwickeln konnte. Dieses Über-Ich stellt neben dem Ich eine weitere Fortsetzung der Selbststruktur dar und bewirkt zunehmend eine Mäßigung der aggressiven Forderungen an die Umwelt.

Ein selbstbewußter Erwachsener kann meistens, was die Quantität betrifft, stimmig fordern und muß nicht ständig aufgrund unmäßiger Forderungen gegenüber seiner Umwelt in die Schranken verwiesen werden. Er kann sich selbst frustrieren, aufgrund seiner Lernerfahrung und der Entwicklung des ihn beschützenden Über-Ichs und sich selbst disziplinieren. Dennoch ist die Entwicklung des Über-Ichs, genauso wie die des Ichs, ein lebenslanger Prozeß. Durch ständige Grenzerfahrungen, durch die Aufnahme neuer Gebote und Verbote, wird es ein Leben lang modelliert.

Gibt das Erkennen seiner Wünsche dem Kind eine Richtung vor, in die es aktiv werden muß, so führt das Finden von Grenzen dazu, daß das Kind erfährt, wie weit es gehen darf. Fragen wie: »Wieviel steht mir zu?« »Wie groß ist denn eigentlich meine Macht?« beschreiben die neue Entwicklungsaufgabe. Diese Frage möglichst stimmig und konsequent von der Umwelt beantwortet zu bekommen ermöglicht die Bewältigung der anstehenden Entwicklungsaufgabe.

In der analen Phase wird das Sauberkeitstraining oftmals Schauplatz des Machtkampfes, der für diese Entwicklungsphase typisch ist. Grundlage dafür ist, daß das

Kind aufgrund seines Entwicklungsstandes nun in der Lage ist, seine Sphinktermotorik zu kontrollieren, also gelernt hat, Blase und Darm weitgehend nach eigenem Willen zu entleeren. Nun muß es lernen, seinen Willen dem Willen der Bezugsperson unterzuordnen. Es ist die Aufgabe der Eltern bzw. der Bezugspersonen, sich dem Machtkampf zu stellen und sich mit dem Kind auseinanderzusetzen. Ein liebevolles, geduldiges und konsequentes Aufrechterhalten von Grenzen ist die optimale Voraussetzung dafür, daß das Kind diese Grenzen, die aus Frustrationen bestehen, integrieren kann. Es gehört zum normalen Entwicklungsverlauf, daß Kinder besonders in dieser »Trotzphase« versuchen, die vorgegebenen Grenzen ständig auszutesten. Stoßen sie auf Inkonsequenz bei den Eltern, werden sie verunsichert. Diese Verunsicherung kann sich in der Entwicklung von tyrannischem Verhalten gepaart mit übermäßiger (Trennungs-)Ängstlichkeit zeigen. Eltern, die selbst einen Mangel an Selbstbewußtsein aufweisen, dadurch aggressiv gehemmt und verzögert sind, werden den spontanen aggressiven Nachdruck, der zur klaren Grenzsetzung nötig ist, nicht aufbringen können. Sie werden statt dessen versuchen, an die Vernunft des Kindes zu appellieren, es versuchen zu überreden oder zu überzeugen. Der tiefere und meist unbewußte Grund, warum Eltern dies tun, ist, selbst nicht in die für sie so bedrohliche Rolle des »Bösen«, aggressiv Versagenden zu kommen. Zwangsläufig geraten sie aber dadurch, daß sie den richtigen Zeitpunkt für eine klare Grenzsetzung versäumen, in die Rolle des aggressiv rächenden Bestrafenden und neigen dann dazu, ihr Kind übermäßig und nicht angemessen zu frustrieren, also auf eine Art und Weise, bei der es dem Kind nicht möglich ist, die Frustration wirklich anzunehmen.

Das stimmige dosierte Setzen von Frustrationen entspricht genau wie das stimmige emotionale Spiegeln der
Qualität der Bedürfnisse dem Vorgang der psychischen
Fütterung. Dadurch wird das Selbstbewußtsein des Kindes
genährt. Selbstverständlich ist es auch wichtig, das Kind
bei seinen Erfolgserlebnissen empathisch zu begleiten und
Glücksgefühle mit dem Kind zu teilen. Den wichtigeren
und strukturierenden Anteil der psychischen Nahrung
aber stellen die einverleibten, frustrierenden Grenzen dar.
Nur vor dem Hintergrund der Annahme der eigenen
Grenzen können dann als Folge echte Erfolgserlebnisse
zustande kommen. Belassen die Eltern, aus welchen Gründen auch immer, dem Kind eine zu große Mächtigkeit,
kann es keine echte Befriedigung erlangen. Der Grundstein
für machthungriges oder dissoziales Verhalten kann dadurch gelegt werden. Wird das Kind in seinen aggressiven
Bestrebungen nicht angenommen und gespiegelt, sondern
wird die Aggressivität des Kindes von der Bezugsperson
geleugnet oder rigoros verdammt, kommt es beim Kind zu
einem Zurückhalten der aggressiven Bestrebungen. Dies
kann sich beispielsweise in der Symptomatik des Ein-
kotens zeigen. Das Kind hält analog zu seinen stimmigen
aggressiven Forderungen seinen Stuhlgang übermäßig
zurück. Im übertragenen Sinn kann man dies als die
Voraussetzung für den sprichwörtlichen Vorgang sehen,
daß später »der Protest in die Hose geht«. Sicherlich wird
in vielen Fällen zu Recht ein Zusammenhang zwischen
Problemen der Stuhlentleerung und Problemen in bezug
auf die stimmige Äußerung aggressiver Bestrebungen her-
gestellt.

In dieser analen Phase ist es die Entwicklungsaufgabe
für das Kind, einerseits trocken und sauber zu werden, andererseits eine grundlegende Tendenz zur angemessenen

Zurückhaltung aggressiver Forderungen zu entwickeln. Das Aufschieben von Bedürfnissen, welches mit angemessenem Fordern einhergeht, ist das zentrale Thema.

Wird es dem Kind möglich, die eigenen Grenzen bezüglich seiner Mächtigkeit stimmig anzunehmen, ergibt sich daraus, daß anhand von gewachsenen psychischen Strukturen ein Kind gegen Ende der analen Phase von sich aus gelegentlich in der Lage ist zu spüren, wenn es sich zu viel herausgenommen hat. Dies erkennt man daran, daß es Scham-, Schuld- und Reuereaktionen zeigt und von sich aus bestrebt ist, Schaden wiedergutzumachen.

Die daran anschließende dritte Entwicklungsphase ist die ödipale oder phallische. Die Entwicklungsaufgabe der ödipalen Phase wurde bereits ausführlich in Kapitel 4 (siehe S. 79) beschrieben. Sie besteht im Finden der eigenen Geschlechtsidentität auf einer kindlichen, das heißt noch unreifen Ebene. Der Schwerpunkt der psychischen Fütterung besteht in der stimmigen kindgerechten emotionalen Spiegelung in bezug auf die Geschlechtsidentität.

Die Entwicklungsaufgabe in der Latenz

Die Latenzphase setzt ungefähr mit der Schulreife des Kindes ein. Ist das Kind nicht übermäßig auf eine der vorangegangenen Entwicklungsphasen fixiert, wird es sich nun auf die neue Entwicklungsaufgabe konzentrieren können. In der körperlichen Entwicklung entspricht die Latenzphase der Ruhephase vor dem großen hormonellen Sturm, der in der darauffolgenden Pubertät hereinbricht. »Wer bin ich aufgrund meiner Leistungen?«, ist die Frage, welche die Entwicklungsaufgabe dieser Phase definiert. Das Kind bedarf nun stimmig emotionaler Spiegelung in bezug auf seine handwerklichen, intellektuellen und sozialen Leistungen. Um Leistung vollbringen zu können und dadurch Befriedigung zu erfahren, muß das Kind über eine gewisse Belastbarkeit verfügen. Diese Belastbarkeit setzt sich aus den bereits erworbenen Fähigkeiten wie Konzentrationsfähigkeit, Frustrationstoleranz und bereits einer gehörigen Portion der Fähigkeit, sublimieren zu können, zusammen. Sublimation bedeutet, durch das Annehmenkönnen einer versagend frustrierenden Realität eine Umwandlung des Wunschzieles zu erreichen, welches Befriedigung vermittelt. Ist ein Kind dazu nicht in der Lage und strengt es sich beispielsweise nur an, um Bewunderung (letztlich auf einen Elternteil bezogen) zu erreichen, wird es sich nur scheinbar auf den kreativen Arbeitsprozeß einlassen können und unbefriedigt bleiben. Die in dieser Phase vorherrschenden Lernprozesse auf kognitivem und handwerklichem Sektor werden dann nur oberflächlich stattfinden und nicht wirklich als fundamentgebende Identitätsbildungsprozesse integriert. Dies kann bedeuten, daß ein Kind trotz der erfolgreichen, aber meist krampfhaft ehrgeizigen Erledigung der Anforderungen seitens der Schule kein Vertrauen in seine Fähigkeiten entwickeln kann und so ständig auf den letztlich nicht »sättigenden« Zuspruch eines Gegenübers angewiesen bleibt.

Da in der Latenzphase das Erlernen von Fähigkeiten, um Leistungen erbringen zu können, auf die erfolgreiche Bewältigung der vorangegangenen Entwicklungsphasen aufbaut, zeigt sich zu diesem Zeitpunkt aufgrund der Erweiterung des sozialen Aktionsfeldes auf die Schulklasse, ob sich das im Kreis der Familie Erworbene im öffentlichen Leben bewähren kann. Ein bis dahin unbemerkter Mangel an Selbstbewußtsein beziehungsweise eine psychoneurotische Entwicklungsverzögerung wird oft durch den Eintritt in die Schule offensichtlich. Entweder vermag sich das Kind nicht in die Klassengemeinschaft zu integrieren, oder es ist nicht fähig, trotz ausreichender Intelligenz die geforderten Leistungen zu erbringen. Oft ist sowohl der soziale als auch der Leistungsbereich betroffen. Eltern, welche dann im Kampf gegen ungerechte Lehrer und bösartige Mitschüler versuchen, ihrem Kind Unterstützung zu geben, erreichen zwangsläufig das Gegenteil. Die dem Kind dadurch gebotenen Schutzräume verhindern oft großflächig eine stimmige empathische Spiegelung der Unfähigkeiten des betroffenen Kindes, und dies führt zu einer weiteren Verschleierung des Selbstbewußtseins. Meines Erachtens bietet sich anhand der Entwicklungsaufgabe in der Latenzphase noch einmal eine gute Gelegenheit, Defizite, welche die ersten beiden Entwicklungsphasen betreffen, zu beheben. Ein überdurchschnittlicher Einsatz der Eltern und deren Umstellungsfähigkeit vorausgesetzt, haben Schulleistungsstörungen und Störungen bezüglich der sozialen Integration in dieser Phase noch eine weit bessere Prognose zur Heilung als in der nachfolgenden Pubertät. Dies hängt mit dem ruhigen Charakter der Latenzphase zusammen, der sich daraus ergibt, daß die Reifung der Sexualhormone natürlicherweise einer Pause unterliegt. Hat ein Kind im Verlauf dieser Entwicklungsphase ausreichend gelernt, durch das Erleben von Befriedigung anhand seiner erbrachten Leistung sich ausreichend zu definieren und zu identifizieren, so ist es gegenüber dem psychosomatischen Ansturm, den die Pubertät darstellt, ausreichend verankert und kann diese neuen Kräfte aufgrund ausreichend vorhandener Strukturierung konstruktiv nutzen.

Die Entwicklungsaufgabe in der Pubertät

Die normalerweise nach dem zehnten Lebensjahr einsetzende Entwicklungsphase der Pubertät ist meist die größte Belastungsprobe für das Kind und dessen Umwelt. Der Übergang vom Kindsein zum jugendlichen Dasein vollzieht sich meist ruckartig in Schüben und ist durch Disharmonien gekennzeichnet. Ein Bild für diese Disharmonien ergibt sich aus der rasanten körperlichen Entwicklung, die den Jugendlichen zeitweise eckig, unfertig und ungeschickt erscheinen läßt. Wiederum bedarf der Jugendliche empathischer emotionaler Spiegelung, diesmal in bezug auf seine Ängste, wenn er sozusagen aus der geschützten Atmosphäre der Kindheit ins Erwachsenendasein eintritt. Mit dem Einsetzen der sexuellen Reife, ein rasch ablaufender körperlicher Prozeß, ist die Kindheit zu Ende. Jugendliche sind daher junge Erwachsene, die sich in ihrer Erwachsenenrolle einüben müssen. Dies ist je nachdem, wie gut die Entwicklungsaufgaben in den vorangegangenen Entwicklungsphasen bewältigt werden konnten, mit unterschiedlich starken Ängsten verbunden. Fragen, welche die Entwicklungsaufgabe charakterisieren, sind : »Wer bin ich innerhalb der Gesellschaft?« »Werde ich akzeptiert?« Das Auftauchen dieser Fragen äußert sich darin, daß der Jugendliche sich über seine Wirkung auf andere Gedanken macht, daß er sozusagen versucht, sich von außen zu betrachten. Dies kann sich daran zeigen, daß beispielsweise plötzlich das Tragen eines Fahrradhelmes zum Problem wird oder der Jugendliche im Winter lieber an den Ohren friert, als eine »doofe« Mütze zu tragen. Solche Verhaltensweisen können tiefsitzende Ängste eines Jugendlichen aufzeigen, letztlich in der Gesellschaft nicht Fuß fassen zu können. Es ist die Aufgabe der Eltern, zu versuchen, diese Ängste zu teilen. Dabei gilt es für die Eltern zu akzeptieren, daß ihr Kind sich nun seiner Entwicklung gemäß nach anderen »gesellschaftlichen« Normen ausrichten muß und nicht mehr sie es sind, die die aktuellen Normen setzen. Es ist ein Kennzeichen von pubertärem Verhalten, daß die Normen der Eltern oftmals auf eine sehr provokative Art und Weise in Frage gestellt werden. Oft müssen die Eltern schlecht gemacht werden, damit die Abgrenzung von ihnen leichter fällt. Gehen Eltern auf die Provokationen ein, indem sie entweder die Grenzen zurücknehmen oder diese verschärfen oder eine Mischung von beiden Verhaltensweisen praktizieren, kommt es oft zu einer zunehmenden Verstrickung anstatt zu einer Lösung. Es ist äußerst wichtig, daß die Eltern bei ihren Ansichten bleiben, dadurch feste Grenzen bieten, aber für den Jugendlichen Mitgefühl haben. Nur so kann die Ablösung des Jugendlichen gelingen. Gerade in dieser Zeit gibt es kein eindeutiges »Falsch« oder »Richtig«, wenn es darum geht, wieviel Freiheit einem Jugendlichen zugestanden werden soll. Die Antwort darauf, wann die vierzehnjährige Tochter oder der fünfzehnjährige Sohn abends zu Hause sein müssen, liegt in der gewachsenen Überzeugung der Eltern begründet. Darf ein Jugendlicher im Vergleich zu seinen Freunden weniger – dieser Fall wird immer auftreten und vom Jugendlichen als Argument benutzt –, so braucht er von seinen Eltern in erster Linie Mitgefühl. Stets negative Auswirkungen hat es, wenn Eltern, weil sie anderen Eltern in nichts nachstehen wollen, ihre aus innerer Überzeugung gesetzten Grenzen leichtfertig aufgeben. Für solche Eltern, die später oft aufgrund von verfahrenen Situationen ihre Kinder bei mir vorstellen, ist folgender Ausspruch typisch: »Eigentlich wollte ich ja nicht, aber dann habe ich es doch erlaubt.« Es ist die

Wiederbesinnung und das Festhalten des Erziehenden an diesem »eigentlich«, das dann zur Lösung von Konflikten führen kann.

Es ist für einen Jugendlichen notwendig, daß die Eltern den Ablösungsprozeß mitvollziehen, das heißt, daß sie sich aus immer weiteren Bereichen des Jugendlichen zurückziehen und diesem Eigenverantwortung übertragen. Eltern, die anläßlich der Pubertät ihrer Kinder selbst ein pubertäres und schwankendes Verhalten entwickeln, erschweren dadurch den Prozeß des Erwachsenwerdens ihrer Kinder. Dies ist heutzutage, wo die Qualitäten des Jugendlichseins so hoch im Kurs stehen, ein nicht zu unterschätzendes Phänomen. Oftmals versuchen Eltern, in Vernachlässigung ihrer elterlichen Funktionen, als »Freunde« mit ihren Kindern »mitzupubertieren«.

Die Ausdehnung der Übergangsphase der Jugendlichkeit, manchmal bis in die Zwanzigerjahre hinein, ist ein relativ modernes Phänomen. So ist Jugendlichkeit in der westlichen Welt in den letzten Jahrzehnten geradezu zum Kult geworden. Pubertäre Unsicherheit in Form von Unverbindlichkeit, sich nicht festzulegen und keine Verantwortung zu übernehmen, ist zu einer modernen Lebensphilosophie auch von Menschen im fortgeschrittenen Lebensalter geworden. Oft wird diese unstimmige Jugendlichkeit auf Dauer mit dem hohen Preis eines nicht vorhandenen stützenden Identitätsgefühls, Zugehörigkeitsgefühls, also mit einer gewissen psychischen Heimatlosigkeit bezahlt.

In primitiven Kulturen wird der Übergang von der Kindheit zum Erwachsenendasein noch heute als ein plötzlich eintretendes Ereignis, oft im Zusammenhang mit Initiationsriten, begangen. Meines Erachtens stellen manche ritualähnliche Verhaltensformen, wie sie sich in

Gruppierungen von Jugendlichen entwickeln, Reste dieser Sehnsucht der Jugendlichen nach ausdrücklicher Zugehörigkeit und Angenommenwerden in der Erwachsenenwelt dar. Wird der im Jugendlichen aufbrechende, genetisch verankerte Drang nach Selbständigkeit und Ablösung von der Familie zu stark unterdrückt, kommt es zu einem Ansteigen der Angst des Jugendlichen, in der Erwachsenenwelt nicht bestehen zu können. Nach dem Muster einer kollektiven »Trotzreaktion« können sich verunsicherte und verängstigte Jugendliche zu Gruppen zusammenfinden, um innerhalb dieser Gruppen eine vermeintlich bessere Erwachsenenwelt zu schaffen. Dies kann manchmal zu einem bizarren »Pseudo-Erwachsenenqualitäten« wie Härte im Nehmen und Grausamkeit verehrenden Gruppengeist führen (siehe Kapitel 7 über Dissozialität). Wird die Angst des Jugendlichen, als junger Erwachsener nicht akzeptiert zu werden, existentiell bedrohlich, muß sie verdrängt werden und kann sich in neurotisch existentiell bedrohlichem Verhalten zeigen. So wehrt beispielsweise der Jugendliche, der mit seinem Moped demonstrativ viel zu schnell fährt und dabei sich und andere gefährdet, mit diesem Tun seine existentiell bedrohlichen Ängste ab. In seiner übergroßen Hilflosigkeit ist er darauf angewiesen, sich durch solch riskantes Verhalten seinen Mut zu beweisen. Es handelt sich dabei um den Ausdruck einer manifesten neurotischen Entwicklungsstörung, die nicht mit dem »jugendlichen Leichtsinn« zu verwechseln ist.

Die Entwicklungsaufgabe in der Pubertät ist es also, bereits tragfähige Ansätze für die eigene Identität als junger Erwachsener innerhalb der Gesellschaft zu finden. »Die Gesellschaft« wird normalerweise von der Gruppe der Gleichaltrigen verkörpert. Dabei muß es zwangsläufig zu einem progressiven Abnabelungsprozeß von den Eltern kommen.

Tragfähige Ansätze der eigenen Identität innerhalb der Gesellschaft zeigen sich am Ende der Pubertät vorwiegend anhand stimmiger Zukunftsentwürfe in beruflicher und partnerschaftlicher Hinsicht.

Die Adoleszenz

Ist der pubertäre Sturm und Drang überstanden, der Körper in seiner ersten Phase des Erwachsenendaseins und die Psyche in Zuversicht auf die kommenden Aufgaben ausgerichtet, kann der junge Erwachsene in die letzte Entwicklungsphase, die Adoleszenz, eintreten. Ist die psychische Entwicklung bis hin zu dieser Phase ohne größere Störungen verlaufen, besteht in der Adoleszenz nur eine äußerst geringe Gefahr, einen Mangel an Selbstbewußtsein bzw. eine neurotische Entwicklungsstörung zu erwerben. Psychische Störungen, die im adoleszenten Alter aufbrechen, sind in der Regel verschleppte pubertäre Problematiken, welche meist wiederum auf Störungen in früheren Entwicklungsphasen zurückgehen. In der Adoleszenz, welche ungefähr um das achtzehnte Lebensjahr beginnt, taucht im jungen Erwachsenen die Frage nach dem tieferen Sinn des Lebens auf. Die positive Bewältigung dieser Entwicklungsphase, die eine Konfrontation mit philosophischen Fragen beinhaltet, ist eine tiefere positive Sinnfindung. Je nach intellektueller und emotionaler Differenzierung des betreffenden Menschen können die Antworten auf diese Sinnfrage eher einfach und praktisch oder hochkompliziert und theoretisch ausfallen. Wichtig ist hier, wie bei allen vorangegangenen Entwicklungsphasen, das Kriterium der Stimmigkeit. Hat der junge Erwachsene ein ausreichendes Selbstbewußtsein und ist nicht durch neurotische Konflikte behindert, wird sich in dieser Zeit sein Horizont erweitern, und es wird ihm gelingen, zu einer Art umfassenderen Weltsicht zu gelangen. Dies zeigt sich daran, daß er sich auf der anstehenden Suche nach dem tieferen Sinn des Lebens für gesellschaftliche Theorien, Religionslehren oder Kunstrichtungen öffnen kann und versuchen wird, sich selbst in ihnen wiederzufinden. Durch ein stimmiges Sich-Wiederfinden kann er Befriedigung erfahren und eine geistig-seelische Entwicklung in Gang bringen, welche ihm zuträglich ist, da sie als ein von ihm entwickelter ethischer Überbau seine psychische Stabilität stützt.

Weiß ein junger Mensch aufgrund von bestehenden neurotischen Konflikten zu diesem Zeitpunkt zu wenig ausreichend über sich selbst Bescheid, besteht die Gefahr, daß er sich extremen Gruppierungen zuwendet und auf dieser Entwicklungsstufe versucht, seine neurotischen Fixierungen zu bearbeiten. Anstelle einer bereichernden Befriedigung werden sich dann möglicherweise eine süchtige Umtriebigkeit oder ein erbitterter Fanatismus einstellen, welche nicht gelöste neurotische Konflikthaftigkeit beinhalten. So können auf der Ebene von politischen und religiösen Ideologien gelegentlich unbewußte persönliche neurotische Konflikte ausgelebt werden, die mitunter eine gewaltige Breitenwirkung und eine gesellschaftsbedrohende Dimension erlangen.

KAPITEL 6

Suchtverhalten als vergebliche Suche nach Selbstbewußtsein

Keine Befriedigung finden

Da den meisten psychischen Störungen und Krankheitsbildern süchtiges Verhalten – das bewußt oder unbewußt sein kann – zugrunde liegt, ist es wichtig, eingehend zu beschreiben, wodurch eine Suchtdynamik zustande kommt und wodurch sie aufrechterhalten wird. Süchtiges Verhalten kann in einem sehr viel breiteren Rahmen gesehen werden, als dies bei den als solchen bezeichneten Suchterkrankungen wie etwa Eßstörungen, Alkoholismus oder Drogenabhängigkeit geschieht. Zudem ist es schwierig, Zwangserkrankungen von Suchterkrankungen abzugrenzen. Abgesehen davon, daß bei letzteren Suchtmittel eine zentrale Rolle spielen, sind beide durch die Fixierung auf ein bestimmtes Verhalten definiert, wobei der Wiederholungszwang die Dynamik bestimmt. Süchtiges Verhalten kann aber auch dadurch zum Ausdruck kommen, daß jemand immer wieder von seiner Problematik eingeholt wird, daß er sich im Kreis dreht und immer wieder etwa abgelehnt, hintergangen oder verlassen wird. So kann man bei depressiven Menschen, für die es typisch ist, daß sie auf der Stelle treten, bei genauerem Hinsehen immer auch süchtiges Verhalten finden.

Sucht ist in erster Linie ein typisch neurotisches Verhalten und deshalb immer Ausdruck eines bestehenden psychischen Konflikts. Einerseits wird versucht, endlich zu einer Befriedigung zu gelangen, andererseits wird durch die Art und Weise, wie dies getan wird, gleichzeitig eine wirkliche Befriedigung abgewehrt. Vereinfacht kann ein neurotischer Konflikt als eine durchgehende Zwiespältigkeit eines Menschen gesehen werden, der nicht zu einem eindeutigen »Ja« oder »Nein« in der Lage ist. Er bleibt immer bei einem »Ja, aber ...« stecken. Genau dieses »aber« steht als Abwehrhaltung dem Erreichen wirklicher Befriedigung entgegen. Die zutreffendste Definition für süchtiges Verhalten ist deshalb, daß es immer nur scheinbar zu befriedigenden Erlebnissen kommt und daß dies zum Motor eines letztlich destruktiven Verhaltens wird.

Das Destruktive von neurotisch-süchtigem Verhalten zeigt sich daran, daß es ein Verhalten ist, das nervt. Schon im Begriff Neurose ist die Bedeutung Nerv (griech. neuron bedeutet Nerv) enthalten. So ist eine Neurose im eigentlichen Sinn eine Erkrankung, die »an die Nerven geht«, und zwar an die eigenen, aber da Neurosen Beziehungen beeinträchtigen, auch an die Nerven des Gegenübers. Bei meiner Tätigkeit treffe ich ständig auf Kinder, die von den Eltern genervt sind, und Eltern, denen wiederum die Kinder furchtbar auf die Nerven gehen. Manchmal ist dies aber weder den Eltern noch den Kindern bewußt. Eine Mutter traf schließlich mit ihrer gar nicht so ernst gemeinten Bemerkung den Kern der Sache. Sie sagte nämlich, daß sie glaube, ihr Sohn sei süchtig danach, sie zu nerven. Irgendwie spürte sie, daß neurotisches Verhalten und Süchtigkeit zusammengehören.

In diesem Falle war es ein siebenjähriger Junge, der seine Mutter mit seiner »Trödelsucht« ständig zur Weißglut brachte. Was aber hatte dies zu bedeuten? Unbewußt inszenierte dieser Junge jeden Morgen eine Situation, in der er die Mutter als die Verständnislose erlebte. Dadurch thematisierte er das Neurotische in der Mutter-Kind-Beziehung und zeigte gleichzeitig den neurotischen Konflikt auf, der dadurch in ihm entstanden war. Er konnte sich stellenweise selbst nicht richtig verstehen. Kamen Frustrationen auf ihn zu, wenn er sich beispielsweise morgens den alltäglichen Aufgaben stellen und dafür Angenehmeres aufgeben mußte, konnte er sich nicht wirklich als den »Armen« empfinden, der gern bei der Mutter zu Hause bleiben und lieber gemütlich herumspielen wollte. Da ihm die Mutter aufgrund fehlendes Mitleides seine Bedürftigkeit zu wenig gespiegelt hatte, da ein bedürftiges Kind für sie eine Bedrohung dargestellt hätte, konnte er sein echtes Bedürfnis, nämlich daß er in dieser frustrierenden Situation emotionale Unterstützung brauchte, nicht spüren. Statt dessen entwickelte der Junge Scheinbedürfnisse. Diese äußerten sich dann als die süchtigen Bedürfnisse, etwa daß er unbedingt noch den Fernseher einschalten oder unbedingt mit diesem oder jenem noch herumspielen mußte. Scheinbedürfnisse entsprechen aber nie der realen Situation, beinhalten nie das, was man in diesem Moment wirklich braucht, sondern sie richten sich immer gegen die Realität. Sie sind das immer wiederkehrende »Aber«. Daß sie nicht wirklich befriedigt werden können, zeigt sich daran, daß der Junge eben davon nicht genug bekommen konnte, er mußte immer weiter noch dies und jenes tun.
Das Problem des Jungen zeigte sich ebenfalls in der

Therapie, besonders zu Ende der Stunden. Immer mußte er zwanghaft noch irgend etwas tun und konnte das Ende nicht akzeptieren. In diesen Momenten wehrte der Junge seine unangenehmen Gefühle ab und damit auch sein Bedürfnis nach Tröstung. Er machte sich gerade in diesen Momenten selbst vor, genau zu wissen, was er wollte. In Wirklichkeit brauchte er aber jemanden, der mit ihm die Frustration teilte. Ließ ihn die Mutter gewähren, etwa mit den Worten: »Also gut, das und das noch, aber dann mußt du kommen«, verstärkte dies nur seine Süchtigkeit. Ein resolutes: »Jetzt ist aber Schluß« verfehlte seine Wirkung genauso. Der Junge verließ mit lautem Geschrei widerwillig das Therapiezimmer.

Ich riet der Mutter, zehn Minuten vor Sitzungsende zu kommen, das Problem ihres Sohnes ernst zu nehmen und mit ihm die frustrierende Situation zu teilen. Sie reagierte zunächst verständnislos, da sie das Problem nicht sehen konnte. Als sie sich dann dennoch bereit erklärte, kam es zu einer rührenden Situation zwischen den beiden. Die Mutter sagte noch reichlich verkrampft: »Ich bin heute früher gekommen, weil ich weiß, daß es dir schwerfällt, ein Ende zu finden. Ich möchte dir dabei helfen.« Der Junge war total überrascht, wurde zusehends ruhiger und war zum ersten Mal nicht quengelig, als die Stunde zu Ende war. In der darauffolgenden Therapiestunde erzählte er mir als große Neuigkeit, daß er ein Problem habe. Es falle ihm nämlich morgens sehr schwer, nicht herumzuspielen und sich fertig zu machen. Dies zeigte, daß er nun ein Problembewußtsein bekommen hatte und spürte, daß er Hilfe brauchte, sich der Realität zu stellen. Drei Wochen zuvor hatte er auf meine Frage, ob er ein Problem habe, geantwortet, daß er keines habe und nicht wisse, warum ihn seine Mutter hergebracht habe. Ich riet der Mutter, zu Hause ebenfalls mitfühlend auf das Problem einzugehen und es nicht ständig »unter den Teppich zu kehren«. Außerdem bereitete ich sie gut darauf vor, daß ihr Sohn versuchen werde, den alten Zustand, der sich über längere Zeit eingeschliffen hatte, wieder herzustellen. Die Mutter weckte den Jungen früher, sprach gleich das Thema an, indem sie sagte: »Wahrscheinlich wird es heute wieder schwierig werden, deshalb bleibe ich neben dir, damit deine ›aber‹ keine Chance haben.« Darauf reagierte der Junge schließlich aggressiv. Da aber die Mutter auf diese Reaktion vorbereitet war und sie geradezu erwartete, konnte sie dies aushalten. Es war besonders wichtig, daß die Mutter die aggressiven Ausbrüche des Jungen aushielt und nicht ihre eigenen Aggressionen gegen den Jungen richtete und ihn bekämpfte. Nur durch dieses Aushalten, gepaart mit der unbeirrbaren Festigkeit in ihren erzieherischen Absichten, konnte sie dem Jungen den Halt geben, den er brauchte. Wie erwartet, dauerte es einige Wochen, bis die »Trödelsucht« überwunden werden konnte. Die Mutter berichtete abschließend, daß der Junge allgemein ruhiger, zugänglicher und zufriedener geworden war. Anhand dieser banal erscheinenden Maßnahmen war einer späteren Suchtanfälligkeit des Jungen vorgebeugt worden.

Verständnislosigkeit als emotionale Schranke

Wie ist einer neurotischen Verstrickung beizukommen, wenn die Mutter immer wieder in ihr altes Verhalten zurückfällt? Schon die Einsicht, daß bei ihr eine Verständnislosigkeit besteht, kann eine positive Veränderung bringen.

Sagt sie beispielsweise nach einem neuerlichen Rückfall: »Ich sehe, daß ich dir bei deinem Problem wenig helfen kann, weil ich selbst so ungeduldig bin. Wie wird das wohl weitergehen?«, schafft sie damit eine offene Atmosphäre und thematisiert ihre eigene süchtig-neurotische Haltung, das Ziel auf jede mögliche Weise, auch an der Realität vorbei, doch noch erreichen zu wollen. Da die Mutter ihr Kind nicht behindern will und sie die Situation, die auf ihrem Mangel an Selbstbewußtsein beruht, nur falsch eingeschätzt hat, ist diese Einsicht unumgänglich. Gegebenenfalls sollte sie mit therapeutischer Hilfe versuchen, ihre eigenen Abwehrmauern zu lockern. Kann sie weiterhin nur im Kind den Schuldigen sehen, verharrt sie dadurch in der Opferrolle, die vom Kind übernommen wird.

Das süchtig-neurotische Verhalten eines Kindes weist immer auf den Bereich hin, in dem bei der Bezugsperson/Mutter ein blinder Fleck im Selbstbewußtsein besteht. Die fehlende emotionale Spiegelung in diesem Bereich zeigt sich als fehlendes Verständnis.

So ist in der Äußerung: »Das kann doch nicht wahr sein, bald jeden Tag kommt mein Sohn mit einer neuen Verletzung oder kaputten Sachen nach Hause, weil ihn die anderen nicht in Ruhe lassen können«, die Verständnislosigkeit gegenüber der Wehrlosigkeit enthalten. Diese Mutter will nicht wahrhaben, daß ihr Sohn sich schlecht wehren kann. Innerlich sträubt sie sich dagegen, ihn als den »armen« Wehrlosen zu spiegeln und mit ihm zu leiden. Eher begleitet sie ihren neunjährigen Sohn kampfesmutig bis ins Klassenzimmer und gibt dem Lehrer Anweisungen, gegen welche bösen Mitschüler er ihn besonders in Schutz nehmen soll. In Fällen von »Mobbing« muß daher stets die Situation des Opfers berücksichtigt

werden. Es ist manchmal besser, Klassen- und Schulwech-
sel zu vermeiden, weil das Kind auch in der neuen Ge-
meinschaft immer wieder in die Opferrolle geraten kann
und diese sich dadurch verfestigt.

Verständnislosigkeit gegenüber dem Kind kann sich
auch darin zeigen, ein Kind, das gerade eine Verletzung er-
litten hat, zu beschwichtigen statt zu trösten: »Das ist doch
nicht schlimm, deshalb brauchst du doch nicht zu weinen.« Kinder werden gelegentlich durchgängig dazu angehalten, ihren Schmerz wegzustecken. Sie werden – häufig
auch mit Süßigkeiten – von den unangenehmen Gefühlen
abgelenkt und spüren so nicht, daß sie Trost brauchen.
Mitunter scheinen sie stolz auf ihre Verletzungen zu sein.
Unbewußt besteht dann die süchtige Neigung, sich zu verletzen und damit zu prahlen.

Wird der Schmerz über Verletzungen, gleich ob diese
körperlicher oder psychischer Natur sind, nicht mit dem
Kind geteilt, so muß es ihn verdrängen, sich gefühllos machen. Unbewußt wird es aber süchtig danach sein, immer
wieder Situationen zu inszenieren, in denen die Möglichkeit bestünde, an den Schmerz heranzukommen, wenn es
genügend Mitleid gäbe. Aber da das Kind nicht wirklich
leiden kann, bekommt es kein stimmiges Mitleid. Wenn es
stolz seine Wunden zeigt, provoziert es als Reaktion Verständnislosigkeit. Diese kann sich anfänglich hinter vorge-
täuschter Bewunderung verbergen, schließlich wird das
Kind aber doch auf Ablehnung stoßen, weil es mit seinem
neurotischen Verhalten einfach nervt. Aus solchen Kindern können Erwachsene werden, die ständig klagen und
die niemand ernst nimmt. Ihr echtes Bedürfnis nach Mitgefühl haben sie durch ein süchtiges Geltungsbedürfnis
ersetzt. Da ihnen dieses Verhalten aber keine Befriedigung
bringt, müssen sie weiterhin versuchen, sich bei jeder

Gelegenheit mit ihrer Leidensgeschichte in Szene zu setzen. Mitleid ist für solche Menschen äußerst bedrohlich, weil sie dadurch mit ihren eigenen schmerzlichen Gefühlen in Kontakt kommen würden, was sie zwar einerseits wünschen, andererseits aber gewaltig fürchten. Dies wird deutlich, wenn man solchen Menschen – anstatt sich von ihnen »volljammern« zu lassen – von sich aus mit Mitleid begegnet. Sie werden es unerträglich finden und darauf ungehalten reagieren.

Eine andere Form zu zeigen, daß man sich selbst nicht richtig spüren kann, wählen Menschen, die sich absichtlich selbst verletzen. Insbesondere bei Jugendlichen kann diese Symptomatik auftreten. Sie schneiden oder ritzen sich an Armen und Beinen, um so auf ihre psychischen Verletzungen aufmerksam zu machen.

Ein achtzehnjähriges Mädchen, das süchtig danach war, sich selbst zu verletzen, erschien einträchtig mit der überaus besorgten Mutter in meiner Praxis. Es schien keinerlei Probleme zwischen Mutter und Tochter zu geben. Die Tochter war mürrisch, antriebslos, schloß sich die meiste Zeit über in ihrem Zimmer ein, ging nicht mehr regelmäßig zur Schule. In ihrem Tagebuch beschrieb sie ausführlich, daß das Leben für sie sinnlos sei, und es ergaben sich immer Gelegenheiten, daß die Mutter dies auch heimlich zu lesen bekam. Äußerst besorgt schlich die Mutter nachts um das Haus und spähte bei der Tochter durchs Fenster, aus Angst, diese könnte sich etwas antun. Nach einigen Behandlungsstunden, in denen ich der Tochter spiegelte, daß sie die Mutter mit ihrem Verhalten quälte, gab sie an, daß sie sich von der Mutter nie verstanden gefühlt habe. Aber das läge nur daran, daß auch niemand sie so, wie sie sei,

verstehen könne. Eigentlich habe sie deshalb einen großen Haß auf sich selbst. Aus diesem Selbsthaß wurde
im Verlauf der Behandlung langsam ein Haß auf Gott und
die Welt, und schließlich verspürte sie mächtige
Haßgefühle gegenüber der Mutter. Sie gebärdete sich
aggressiv, begann Gegenstände in ihrem Zimmer zu
zerstören, und nun war es die Mutter, die sich in ihrem
Zimmer einschloß, aus Angst, die Tochter würde ihr
etwas antun. Als die Tochter aufhörte, sich selbst zu
verletzen, strahlte sie gegenüber der Mutter eine solche
Aggressivität aus, daß diese wünschte, ihre Tochter
solle in die Psychiatrie eingeliefert werden. Die Tochter
beschimpfte die Mutter und warf ihr vor, daß sie sich
von ihr nie verstanden gefühlt habe. In einem
Elterngespräch sagte daraufhin die Mutter: »Zwar
schneidet sich jetzt meine Tochter nicht mehr selbst,
aber glauben Sie mir, die Vorwürfe, die sie mir macht,
tun noch viel mehr weh.«

Ausgangspunkt für die Störung bei der Tochter war, daß
die Mutter nie ausreichend Verständnis für die psychischen Verletzungen der Tochter hatte entwickeln können.
Diese habe es doch immer gut gehabt und könne deshalb
auch gar nicht gelitten haben. Auch in der Zeit, als sie
selbst so schrecklich gelitten habe, da ihr Mann sie wegen
einer anderen verließ, habe ihre damals achtjährige Tochter dies gut weggesteckt und sie sogar getröstet. Die Tochter habe damals selbst entschieden, daß sie keinen Kontakt
mehr zu ihrem Vater wolle, und habe diesen auch nie ver-
mißt.

Aus den Erzählungen der Mutter wurde deutlich, daß
die Tochter wohl schon sehr früh aufgrund der Verständnislosigkeit der Mutter ihre eigenen psychischen Verlet-

zungen verdrängte und sich ein süchtiges Bedürfnis eingeschliffen hatte, sich selbst und den anderen die eigene
Härte zu demonstrieren. Wenn sie sich selbst in die Arme
schnitt, war dies die »absolute Härte«. In diesen Momenten war zwar einerseits der Wunsch da, in ihrem Schmerz
von einem Gegenüber angenommen zu werden, andererseits war die eingeschliffene Abwehrhaltung: »Ich brauche
niemanden, ich bin so hart, daß ich es allein schaffe«, immer wieder stärker. Damit verbunden war auch – wie allgemein bei süchtigem Verhalten – der Versuch, sich vom
Gegenüber zurückzuziehen. So schnitt sie sich stets heimlich die Arme auf und stellte dann eher beiläufig und
»cool« ihre Verletzungen zur Schau. Dieses Benehmen
verweist auf eine trotzige Vorwurfshaltung.

Trotziges Verhalten

Trotziges Verhalten beginnt in der Trotzphase. Auf dieser
Entwicklungsstufe müssen so viele Frustrationen hinge-
nommen werden, daß ein Kind als Übergangs- oder Notlö-
sung normalerweise trotziges Verhalten »erfindet«. Je klarer das Kind seine eigenen Wünsche spüren kann, desto
stärker werden die Frustrationen ausfallen. Eine heftige
Trotzphase kann also als ein »gesundes« Zeichen gelten.
Trotziges Verhalten wird als vorübergehende Abschottung,
wenn Frustrationen nicht angenommen werden können,
von manchen Menschen bis ins hohe Alter immer wieder
eingesetzt. Wenn aber der Trotz nach einem angemessenen
Zeitraum nicht überwunden werden kann, sondern als
Abwehrhaltung durchgängig bestehen bleibt, kann dies eine bereits vorhandene Suchtneigung verstärken oder zum
Ausgangspunkt süchtigen Verhaltens werden.

Die folgende Geschichte soll demonstrieren, wie Trotz überhaupt entstehen kann.

Ein fünfjähriger Junge sitzt mit seiner Mutter am Tisch. Die Mutter muß dringend irgendwelche schriftlichen Arbeiten erledigen. Die Mutter ist angespannt, der Junge gelangweilt. Er beginnt mit dem Fuß an das Tischbein zu klopfen. »Hör damit auf!« sagt die Mutter. Der Junge hält inne, stützt seinen Kopf in die Hand und starrt gedankenlos vor sich hin. Nach kurzer Zeit beginnt er erneut mit dem Fuß gegen das Tischbein zu schlagen. »Hör auf«, zischt die Mutter, »geh doch irgend etwas spielen und stör mich nicht.« Der Junge bleibt sitzen, reibt sich die Augen und beginnt abermals zu klopfen. Die Mutter »verliert die Nerven«, holt aus und schlägt ihr Kind ins Gesicht. Der Junge zieht sich zurück.

Der Wunsch des Jungen ist es, die Zuwendung und Aufmerksamkeit seiner Mutter zu bekommen. Er signalisiert dies durch sein Verhalten. Aufgrund eines Mangels an Selbstbewußtsein verschließt sich die Mutter aber diesem Wunsch. Sie kann es nicht zulassen, sich als die versagende Mutter zu erleben. Sie kann nicht stimmig handeln, da sie Schuldgefühle abwehren muß. Deshalb kann sie sich in dieser Situation ihrem Sohn gegenüber nicht mütterlich verhalten. Sie kann sich nicht in ihn einfühlen und ihm die unangenehme Realität nicht so beibringen, daß er sie akzeptieren kann. Da der Junge spürt, daß die Mutter in sich etwas abwehrt, bedrängt er sie. Er »will es wissen«. Genau dies führt zur Zuspitzung der Situation.

Auf die Art und Weise, wie der Junge schließlich die Frustration erfährt, kann er sie aber nicht annehmen. Allein in seinem Zimmer sitzend, fühlt er sich zutiefst ungerecht behandelt. Er fühlt sich als das unschuldige Opfer, und es entstehen Haßgefühle gegenüber der »bösen« Mutter. Da er die Frustration auch im nachhinein ohne Hilfe nicht annehmen und verdauen kann, muß er sie abwehren. Er beginnt seine ursprünglichen Wünsche nach der Zuwendung und Aufmerksamkeit der Mutter vor sich selbst zu verleugnen. Um den Schmerz abzustellen, baut er ein falsches Selbstbild auf. Er phantasiert sich groß, stark und vor allem unabhängig von der Mutter. Damit kann er den äußeren Konflikt abwehren. Da er ohnehin nichts von der Mutter will, schmerzt es ihn auch nicht, wenn sie ihn zurückweist. Die Vorstellung, der Mutter in Zukunft auf diese Art und Weise, nämlich verstellt zu begegnen, befriedigt seine Rachegelüste. Die Demonstration seiner Stärke – »es der Mutter zeigen zu wollen« – wird zum vorherrschenden unechten Wunsch, der den echten Wunsch nach der Nähe zur Mutter ersetzt.

Aus Hilflosigkeit tut der Junge »intrapsychisch« das, was seine Mutter zuvor mit ihm getan hat. Sie hat seinen Wunsch nach ihrer Nähe nicht wahrgenommen, jetzt wehrt er in sich selbst diesen Wunsch vor einer tieferen Bewußtwerdung ab. Er führt damit das Verhalten seiner Mutter ihm gegenüber in seiner Psyche demonstrativ »ad absurdum«. Dies ist der Grundmechanismus des Trotzverhaltens.

Hätte die Mutter den Wunsch mitfühlend gespiegelt und angemessen frustriert, hätte dies zu einer Enttäuschung ihres Sohnes, also zu einer Annahme der Realität geführt. Hätte sie beispielsweise stimmig und gelassen sagen können: »Ich weiß, wie gerne du gerade jetzt mit mir spielen möchtest und wie schwer es dir fällt, mich allein zu lassen; aber es geht einfach nicht anders«, hätte sich der Junge wahrscheinlich übellaunig und enttäuscht zurückgezogen. Er hätte die Frustration mit mehr oder weniger Protest hinnehmen können. Was aber in diesem Fall die Hauptsache ist, der Junge hätte an seinem Wunsch nach Nähe zu seiner Mutter festhalten können und diesen nicht durch rachsüchtige Größenphantasien abwehren müssen.

Wenn diese Mutter dann beispielsweise nach Erledigung ihrer Arbeit ihren Sohn zu sich gerufen und ihm angeboten hätte, mit ihm zu spielen, hätte der zuvor enttäuschte Junge dieses Angebot freudig annehmen können.

Hat die Abwehr bereits eingesetzt, wird ihn ein Angebot der Mutter nicht mehr in dem Maße befriedigen können. Es trifft jetzt nicht mehr auf den stimmigen Wunsch des Sohnes.

Die Mutter wird diese Veränderung im Verhalten ihres Sohnes deutlich spüren. Sie wird die Abwehrblockade, die der Junge gegen seine eigenen Wünsche errichtet hat, als Barriere in der Beziehung zu ihrem Sohn wahrnehmen.

Trotz kann sich als Reaktion auf Verständnislosigkeit erst einstellen, wenn das Selbstbewußtsein des Kindes bis zu einem gewissen Grad entwickelt ist. Trotz enthält bereits ein aggressives Gegendrücken, welches das Vorhandensein eines Ichs voraussetzt. Bei »trotzigem« Suchtverhalten können deshalb Vorwurfshaltung und Rachegelüste bewußt erlebt werden. Wird ein Kind in der Phase zuvor in seinen Bedürfnissen nicht ausreichend stimmig gespiegelt, so sind Vorwurfshaltung und Rachewünsche gänzlich unbewußt. Die Orientierungslosigkeit und das Ausgeliefertsein – die Opferrolle des Süchtigen – sind dann stärker ausgeprägt. Dies legt nahe, daß bei Zwangserkrankungen, bei denen sich die Betroffenen geradezu als fremdbestimmt erfahren, die Wurzeln der Störung immer bis in die orale Phase zurückreichen. Bei trotzig-süchtigem Verhalten wird die Opferrolle vom Betreffenden bereits bewußt eingesetzt, um das Gegenüber zu bestrafen. Eigene Wut und Haßgefühle können deutlich wahrgenommen werden, diese können aber nicht stimmig gelebt werden, weil sie dem Gegenüber nicht zugemutet, sondern aufgestaut und dann in selbstdestruktivem Verhalten abgeführt werden. Kinder, denen in der Trotzphase die Qualität der eigenen Bedürfnisse nicht mitfühlend gespiegelt wird, können gelegentlich das Gefühl haben, von ihrer Wut oder ihrem Haß nahezu umgebracht zu werden. Anzeichen eines solch unerträglichen Zustandes zeigte ein Kind, das in rasender Wut den Kopf an die Wand schlug. Bei Erwachsenen können sich solche Zustände zeigen, wenn sie in bestimmten Situationen von Wut und Haßgefühlen geradezu überfallen werden. Sie könnten insgeheim etwa den Fahrer des langsamen Autos vor sich massakrieren, am Ende lenken sie diese Aggressivität aber immer wieder gegen sich selbst. Ein Beispiel für dieses trotzig-süchtige Verhalten war auch jener junge Mann, der schilderte, daß er, wenn er aggressiv war, oft in äußerst gefährlichen Situationen die Straße überquerte. Seine innere Einstellung war: »Wenn mich jemand überfährt, wird er schon sehen, was er davon hat.«

Wird einem Kind in der Trotzphase zwar die Qualität seiner Wünsche gespiegelt, nicht aber die Quantität, wieviel es sich herausnehmen darf, mündet das süchtig destruktive Verhalten nicht in Selbstzerstörung, sondern in asoziales Verhalten gegenüber anderen. Dies wird im folgenden Kapitel ausführlich beschrieben.

Obgleich bei trotzig-süchtigem Verhalten die Betroffenen über ein höheres Maß an Selbstbewußtsein verfügen, da die neurotische Fixierung auf einer höheren psychischen Entwicklungsstufe stattgefunden hat, bedeutet dies nicht grundsätzlich, daß solches Suchtverhalten leichter zu überwinden ist. Die Schwere einer Suchterkrankung hängt davon ab, wie traumatisierend, wie existentiell bedrohlich der Mangel an Verständnis in der frühen Beziehung empfunden wurde. Bei manchen Menschen hat sich diese trotzig-süchtige Haltung so tief eingegraben, daß sie ihr ganzes Leben lang daran festhalten müssen. »Da ich nicht verstanden werde, muß ich nun alles in mich hineinfressen.« »Da mich mein Mann so schlecht behandelt hat, bin ich zur Alkoholikerin geworden.« Bei trotzig-süchtigem Verhalten ist der aggressiv vorwurfsvolle Aspekt immer deutlich zu spüren, so auch bei den Krankheitsbildern Magersucht (Anorexie) und Bulimie. Da meist weibliche Jugendliche davon betroffen sind, bestünde die Möglichkeit, mit Hilfe der realen Bezugsperson den Eltern-Kind-Konflikt zu bearbeiten. Leider scheitert dies meist am fehlenden Verständnis der Mütter, woraus sich unsägliche Leidensgeschichten – eben gerade auch für die Mütter – ergeben.

Suchtverhalten als Selbstheilungsversuch

Jede Suchthandlung stellt in ihrem Ansatz einen Selbstheilungsversuch dar. Dies zeigt sich daran, daß in der süchtigen Einstellung im Grundtenor die Beendigung des süchtigen Verhaltens enthalten ist: »Nur dieses eine Mal noch, dann werde ich es wissen. Nur dieses eine Mal noch, dann werde ich Befriedigung finden und es lassen können.« Suchtverhalten wird sogar oft als eine Art Krücke bezeichnet. Es ist tatsächlich eine Krücke, die aber die falsche Seite, nämlich die Abwehr stützt. Nach dem Absetzen des Suchtverhaltens wird immer der abgewehrte Konflikt spürbar, und der Wunsch nach der Krücke wird dann besonders stark. Ohne die stützende Krücke droht die Abwehr zusammenzubrechen. Der entscheidende Irrtum des Süchtigen ist, daß er denkt, durch das Benutzen der Krücke käme er eines Tages in die Lage, diese wegwerfen zu können – ein paradoxer Fehlschluß. In Wirklichkeit hat es ein Süchtiger nicht geschafft, sie im richtigen Moment wegzuwerfen, so daß das eingeschliffene Benutzen der Krücke zu einer Behinderung geworden ist. Je mehr er sie gebraucht, desto unfähiger wird er, selbständig zu laufen. Der Faktor Zeit spielt hierbei eine große Rolle. Beginnt sich der Konflikt abzuzeichnen, scheuen Süchtige zurück, tendieren zu sagen: »Nicht jetzt, nicht heute, einmal brauche ich die Krücke noch, damit ich es morgen schaffen kann.« Dieses Hinauszögern und Aufschieben ist ebenfalls ein Kennzeichen jeglichen neurotischen Verhaltens. Der Grund für eine solche Verdrängung ist, daß die anstehende Frustration zum richtigen Zeitpunkt nicht bewußt zugelassen werden kann und die Annahme deshalb auf später verschoben werden muß. Durch das Abwehrverhalten wird sozusagen eine Schonfrist geschaffen. Es gibt meines Erachtens kaum Suchtkranke, die die Hoffnung darauf, diese Schonfrist eines Tages beenden zu können, aufgegeben haben. Mehr oder weniger alle halten an dieser Illusion fest. So könnte man die Dynamik des Suchtverhaltens auch als eine hoffnungsvolle Flucht in die falsche Richtung bezeichnen.

Auf die Frage, ob sie wisse, warum sie so stark rauche, antwortete eine junge Frau, sie rauche um so stärker, je größer ihr Wunsch sei, aufzuhören. Dies entspricht dem Wesen des neurotischen Teufelskreises, der eine Abwehrblockade aufrechterhält. Es besteht eine Wechselwirkung zwischen dem Wunsch zur Heilung und dem Wunsch, dies abzuwehren. Je stärker die Tendenz besteht, sich dem abgewehrten Konflikt zu stellen, desto stärker wird automatisch die Abwehrbereitschaft. Abgewehrtes und Ab-

wehr bilden energetisch gesehen einen zusammenwirken-
den »Komplex« (der Begriff stammt von C. G. Jung, vgl.
»Über Grundlagen der analytischen Psychologie«, S. 79),
der sich als unüberbrückbarer Zwiespalt darstellt. Um diesen überwinden zu können, muß die Energie ausschließlich auf eine Seite konzentriert werden. Da sich die Energie vom »natürlichen Auftrieb des Verdrängten«, der den
Selbstheilungsversuch darstellt, nicht abziehen läßt, bleibt
zur Lösung des Konflikts nur die Möglichkeit, der Abwehr
die Energie zu entziehen. Möglicherweise besteht die Dynamik des eingeschliffenen Suchtverhaltens zu einem großen Teil auch darin, sich immer wieder aufs neue zu versi-
chern, daß das Abwehrverhalten die falsche Seite ist. Jede
neue Suchthandlung wäre dann insgeheim auch der Versuch, sich selbst endgültig zu bestätigen, daß das süchtige
Abwehrverhalten nicht der richtige Weg ist.

Denkt man an exzessives Suchtverhalten, so gewinnt
man den Eindruck, als wollten Süchtige diese Entschei-
dung geradezu erzwingen. Möglicherweise wollen sie damit auch erreichen, daß das Abwehrverhalten, das heißt
die schädigenden Folgen des Suchtverhaltens, als bedrohlicher erlebt wird als die Konfrontation mit dem abgewehrten Konflikt. Der Wunsch, etwas beenden zu wollen,
zeigt sich im Suchtverhalten darin, daß meist etwas »leer-
gemacht« werden muß. Eßsüchtige müssen die ganze
Packung »leeren«, Alkoholiker können keine halbvolle
Flasche stehen lassen. Darin ist der Wunsch enthalten,
dem eigenen Suchtdrang ein Ende zu machen. Das, was
nicht zur Befriedigung verhilft, sondern abhängig macht,
das Suchtmittel, wird in gewissem Sinne »niederge-
macht«. Der Wunsch danach bezieht sich wiederum –
bewußt oder unbewußt – auf die unbefriedigende und deshalb süchtig machende frühe Bezugsperson.

Bei magersüchtigen Patienten ist es der Wunsch, durch das Suchtverhalten den Suchtdrang zu stoppen. Durch das Aushungern wird versucht, die Quelle des Suchtdranges im eigenen Körper zum Versiegen zu bringen. Der ursprüngliche Konflikt mit der Bezugsperson wird durch das Aushungern thematisiert. Hier wird besonders eindrucksvoll deutlich, daß aufgrund einer neurotischen Fixierung eine Trennung von dieser Bezugsperson nicht erfolgen konnte, was eben dazu führt, daß Fremdbestrafung in Form von Selbstbestrafung gelebt wird.

Leichte und schwere Suchterkrankungen

Eine erhöhte Suchtanfälligkeit geht immer auf eine Beziehungsstörung in der oralen Phase zurück. Da in dieser Entwicklungsphase die Gefahr einer schweren Traumatisierung, also die Erfahrung von existentieller Bedrohung, am größten ist, sind schwere Suchtkrankheiten meist orale Suchtkrankheiten. Der Zeitpunkt, wann die Erkrankung ausbricht, kann ganz unterschiedlich sein und stellt – ähnlich wie bei körperlichen Krankheiten – eine Reaktion auf ein Ereignis dar, das dann zuviel ist und nicht mehr toleriert werden kann. Oft ist es die konfliktbeladene Zeit der Pubertät, in der eine Suchtanfälligkeit ausbricht. Suchtkrankheiten können aber auch im fortgeschrittenen Lebensalter im Zusammenhang mit einer reaktiven Depression auftreten. So kann der sechzigjährige Mann zum Trinker werden, nachdem seine Frau verstorben ist, oder die fünfzigjährige Frau eine Eßstörung entwickeln, wenn sie von ihrem Mann verlassen wird. Die Wurzeln für dieses Suchtverhalten liegen in einer frühen oralen Bahnung, wo gelernt wurde, emotionale Zuwendung durch Fütterung zu ersetzen. Der Durchbruch erfolgt aber durch ein besonders frustrierendes Erlebnis, das nicht angenommen werden kann.

Ob eine Suchterkrankung eine leichte oder schwere Erkrankung ist, hängt davon ab, wie traumatisierend das durch das Suchtverhalten abgewehrte Erlebnis ist. Es ist daher ein wichtiges Diagnosekriterium, ob nach Absetzen des Suchtmittels bzw. des Suchtverhaltens »nur« eine Depression oder aber eine psychische Instabilität mit psychotischen Zuständen einsetzt.

Man kann die Betroffenen in zwei Gruppen einteilen: Bei der einen Gruppe ist die Suchterkrankung durch einen neurotischen Konflikt begründet, bei der anderen Gruppe ist die Sucht tiefer verankert. Tiefer verankert bedeutet, daß unter dem Abwehrschritt der Verdrängung noch eine psychotische Abwehr, welche die Antwort auf ein lebensbedrohliches Erlebnis darstellt, verborgen ist. Bei der ersten Gruppe handelt es sich um neurotische Patienten, die der zweiten Gruppe sind Borderline-Patienten.

Da aufgrund der noch fehlenden Ichfunktionen für den Säugling in der oralen Phase nur der psychotische Zustand als Abwehrvorgang möglich ist, besteht in der oralen Phase eine erhöhte Gefahr, eine Borderline-Störung zu erwerben. Im Gegensatz zu später kann ein Säugling leichter, von seiner Umgebung nahezu unbemerkt, in lebensbedrohliche emotionale Spannungszustände geraten. Die Empfindsamkeit eines Säuglings wird oft unterschätzt und eine erfolgte Traumatisierung gar nicht erkannt, weil es dazu keiner großen von der Umwelt wahrgenommenen Katastrophe bedarf. Als Erwachsener steht dieser einst traumatisierte Säugling den in ihm gespeicherten chaotisch psychotischen Energien dann ratlos gegenüber. Er kann sich nicht bewußt erinnern, und von seiner Umwelt wird ihm versichert werden, daß ihm nie etwas Schreckliches zugestoßen sei. Er wird also grundsätzlich bei der Umwelt auf weniger Verständnis stoßen als jemand, der eine Traumatisierung zum Teil bewußt erlebt hat und die er selbst und auch andere erinnern können. Diese Unwissenheit bedeutet eine zusätzliche Erschwernis, ein Trauma zu überwinden.

Viele hartnäckige orale Suchterkrankungen gehen auf eine Borderline-Störung zurück, da, wenn die Traumatisierung unbemerkt geschah, der Säugling auch nicht ausreichend getröstet wurde. Unter dem neurotischen Abwehrvorgang der Verdrängung liegt dann nicht nur ein neurotischer Konflikt, sondern zusätzlich abgekapselte psychotische Zustände. Im Laufe der Entwicklung ist der Mensch bis zu einem gewissen Ausmaß fähig, psychotische Abwehr in seinem Selbstbewußtsein abzukapseln und nach dem neurotischen Abwehrmuster zu verdrängen. Der Betreffende wird sich aber in diesem Fall viel stärker an sein süchtiges Abwehrverhalten klammern, weil das von ihm Abgewehrte viel bedrohlicher ist.

Handelt es sich also um ein Suchtverhalten, welches nur die Bewußtwerdung einer verdrängten Frustration abwehrt, wird dieses leichter und mit anderen therapeutischen Mitteln zu behandeln sein als ein Suchtverhalten, welches tiefer verankert ist. Kommt bei einem Patienten nach Absetzen des Suchtverhaltens eine Depression zum Vorschein, besteht die therapeutische Aufgabe im Durcharbeiten des Konflikts, um dadurch die Annahme einer Frustration zu erreichen. Zeigen sich jedoch nach dem Absetzen des Suchtverhaltens psychotische Zustände, so ist der Mensch in diesem Zustand überhaupt nicht in der Lage, Realität aufzunehmen. Die therapeutische Aufgabe muß vorerst in Tröstung, das heißt in einer Beruhigung dieser chaotisch psychotischen Energien bestehen. Dies bedeutet einen erheblich größeren therapeutischen Aufwand und ist mit einer oft langen und anstrengenden Phase des durchgängigen Haltens des Patienten verbunden.

In ihrem Standardwerk über Eßstörungen berichtet Hilde Bruch (»Eßstörungen«, S. 244), daß es bei Patienten, bei denen eine Gewichtsabnahme rigide verfolgt oder von außen erzwungen wird, zu psychotischen Reaktionen kommen kann.

Meines Erachtens beschreibt sie an dieser Stelle, wie durch die Unterbindung des neurotischen Suchtverhaltens ein psychotischer Zustand, der die ursprüngliche traumatisierende Situation enthält, erreicht wird. Oft wird nicht nur der Patient, sondern auch der Therapeut durch diesen Zustand dermaßen verunsichert, daß meist das Vorgehen in der Therapie geändert wird und die neurotische Abwehr wieder zugelassen wird. Dies kommt eigentlich einem Abbruch der Therapie gleich, weil in diesen Fällen ein gemeinsames Aushalten der bedrohlichen Zustände das eigentliche therapeutische Anliegen wäre.

In diesem Sinne schreibt auch Hilde Bruch, daß es bei der Behandlung selbst sorgfältig ausgewählter Patienten von Eßsüchtigen einige gab, welche so starke Störungen bekamen, daß die Behandlung abgebrochen werden mußte. Daran anschließend bemerkt sie, wie erstaunlich sie es finde, daß den psychischen Auswirkungen von Hungerdiäten, welche gewöhnlich dicken Menschen auferlegt werden, so wenig Aufmerksamkeit gewidmet werde. Ich denke, daß in vielen Fällen von Suchterkrankungen die Tragweite der möglichen Entzugserscheinungen unterschätzt wird und diese nicht richtig behandelt werden.

Es kann im Einzelfall für den Therapeuten schwierig werden, zu entscheiden, ob es für einen Menschen überhaupt möglich ist, die hinter dem süchtigen neurotischen Abwehrverhalten liegende traumatische Situation zu verarbeiten. Ich denke aber, daß eine wirkliche Heilung nur auf diesem Weg erzielt werden kann. Dabei wird es möglicherweise Fälle geben, bei denen die Heilung nicht erreicht werden kann und ein Weiterleben mit der Sucht die einzige Alternative bleiben wird.

Zur Behandlung von schweren Suchterkrankungen

Schwere Suchterkrankungen gehören oft zu den therapieresistentesten Krankheiten. Dabei geht es um die grundsätzliche Frage, ob und wie tiefe blinde Flecke im Selbstbewußtsein, die psychotische Zustände darstellen, behandelt werden können.

Wenn wir uns einen erwachsenen Menschen vorstellen, der im Angesicht existentieller Bedrohung den Abwehrmechanismus der Spaltung einsetzt, fällt sofort auf, daß dieser Mensch nicht ansprechbar ist. Dieser Zustand drückt aus, daß sein Erregungszustand zu groß ist, als daß die zum Selbstbewußtsein gehörenden Ichfunktionen aufrechterhalten werden können. Dadurch ist dieser Mensch in einen total verschlossenen Zustand geraten, und es scheint psychisch keinen Zugang zu ihm zu geben. Oft zeigt sich der Schockzustand in einer Erstarrung. Wird er in den Arm genommen, kann er mit heftiger Abwehr reagieren und sogar um sich schlagen. Sind Säuglinge in solch einem Zustand, kann man beobachten, daß sie sich abwehrend aufbäumen. Es ist dann besonders wichtig, daß diese Menschen trotz und entgegen ihrer Abwehr gehalten werden. Das Halten durch einen anderen Menschen entspricht in dieser Situation einem notwendigen Zurück-

oder Zusammenhalten. Da Menschen in diesem Zustand nicht über ihre Selbstbeherrschung verfügen, ist ein Hilfs-Ich nötig, welches sie beherrscht. Nur in der Erfahrung der Annahme des Beherrschtwerdens kann eine Beruhigung eintreten. In solchen Situationen kommt es zu einer totalen Offenlegung der inneren Befindlichkeit. Das innerpsychische Chaos wird durch chaotisches Verhalten des Traumatisierten in der Realität ausgedrückt. Ist dieser Zustand des Ausgeliefertseins eingetreten, wo jegliche Selbstbeherrschung fehlt, ist dies immer eine Aufforderung an ein Gegenüber nach Beherrschung. Aber nur wenn diese Beherrschung selbstlos, also im Sinne des Patienten geschieht, führt sie zu einer Beruhigung und Entspannung. Beim Festhalten ist die Beruhigung eines außer sich geratenen Menschen dann durch das Annehmen des Festhaltens zu bemerken. Das heißt, der Betroffene setzt sich nicht mehr länger zur Wehr, sondern kann durch den mitfühlenden anderen wieder zu seiner »Eigenschwingung« finden. Er kann sich wieder konzentrieren, was die Voraussetzung für bewußtes Selbsterleben und die Annahme von Realität ist. Auch beim Säugling, der traumatischem Erleben ausgesetzt war und im Anschluß daran ausreichend getröstet und gehalten wurde, setzt dann wieder die Fähigkeit ein, sich emotional konzentrieren zu können. Dies drückt sich dadurch aus, daß er sich wieder anschmiegen kann.

Da es bei diesen psychotischen Abwehrzuständen sozusagen um Leben und Tod geht, braucht der Betroffene jemanden, der ihn zurückhält, auf ihn aufpaßt und ihm letztlich vermittelt, »ich will, daß du am Leben bleibst«.

Suchtkranke, die an einer Borderline-Störung leiden, kommen im Verlauf des Entzugs an diesen existentiellen Punkt, da die chaotischen Energien innerhalb des Selbstbewußtseins virulent werden und das Selbstbewußtsein geradezu aufbrechen.

Die Beruhigung des psychischen Erregungszustandes kommt also durch einen Zusammenhalt zustande, der von der Umwelt ausgehen muß und schließlich angenommen werden kann. Nur die Unterwerfung unter eine selbstlose äußere Beherrschung in irgendeiner Form führt zu einer Beruhigung. Wurzelt die psychotische Abwehr in der oralen Phase, ist meines Erachtens ein körperliches Festhalten unumgänglich. Psychotischen Zuständen, welche beim Erwachsenen als Reaktion auf lebensbedrohliche Erlebnisse ausgelöst wurden, kann auch durch beruhigende »Riten oder Rituale« wirkungsvoll begegnet werden. C. G. Jung beschreibt einen Fall, bei dem sich Bruder Nikolaus nach einem archetypischen Erlebnis dem Ritual des Mandala-malens unterwarf. Er zeigt, daß Rituale wirksam sein können, »um ein traumatisches Erlebnis in die Gesamtschau der Seele einzuordnen« (vgl. »Bewußtes und Unbewußtes«, S. 19). So ist der ursprüngliche Grund, warum Riten, Rituale und später daraus Religionen entstanden sind, die psychische Stabilisierung des Menschen in lebensbedrohlichen Situationen. Es ist dabei wichtig, daß sich die Rituale nicht an den Verstand als reife Ichfunktion richten, sondern deren Sinn unverstanden bleiben soll. Dadurch werden sie – im übertragenen Sinn – zu einer haltenden Schaukelbewegung, durch die, wenn man sich ihr unterwirft, eine Angleichung der Gefühle und somit eine psychische Beruhigung erreicht werden kann.

Für kranke Menschen, deren Sucht in einer Borderline-Störung begründet liegt, bedeutet dies, daß nach Absetzen des Suchtverhaltens und beim Auftauchen eines psychotischen Zustands zuerst Angleichungsarbeit geleistet werden muß. Diese vollzieht sich jenseits der Vernunft des Menschen, es kann dabei nicht an seine Vernunft appelliert werden. Der wichtigste Punkt ist die emotionale Unterwerfung an eine äußere Ordnung, an eine äußere Gewalt. Diese Angleichungsarbeit kann einerseits eine körperliche Festhaltetherapie darstellen, andererseits eine Festhaltetherapie im weiteren Sinn sein, wenn der Betroffene örtlich – gegen seine Abwehr und nicht gegen seinen Willen – festgehalten und beispielsweise dazu angehalten wird, regelmäßig Handlungen auszuführen. Diese können einfache alltägliche Tätigkeiten sein, welche durch ihre regelmäßige Ausführung den Charakter eines Rituals bekommen. Auf der verbalen Ebene geht es für den Helfer darum, sich nicht in Diskussionen über scheinbar wichtige Inhalte verwikkeln zu lassen, sondern klar den Willen, zu unterwerfen, zu artikulieren. Sinngemäß muß die Haltung des Therapeuten vermitteln: »Da du zur Zeit nicht für dich sorgen, auf dich aufpassen kannst, tue ich es an deiner Stelle für dich.« Setzt die beschwerliche und problematische Angleichungsarbeit nicht ein, wird der Betreffende in seinem unerträglichen Zustand wieder zum Suchtverhalten greifen, oder er wird sich so gebärden, daß die Umwelt ihm das Suchtmittel wieder zur Verfügung stellt. Dies bedeutet, daß sein chaotischer blinder Fleck innerhalb des Selbstbewußtseins nicht ausgefüllt werden kann und bestehen bleibt.

Diese Form des Helfens oder des Therapierens stößt vielerorts auf breite Skepsis. Einerseits ist dies durch die Nähe zu esoterischen Ansätzen begründet, wo einer sozusagen der Meister ist, dem sich der andere vollständig unterwerfen muß. Dies kann Assoziationen zu zweifelhaften Sekten auslösen, wo psychische Unterwerfung labiler Menschen stattfindet, um diese auszubeuten.

In seinem Buch über die Behandlung von selbstverletzendem Verhalten befaßt sich U. Sachsse mit dem schwierigen Thema des Zwangs in Verbindung mit Therapie (vgl. »Selbstverletzendes Verhalten«, S. 144).

Die Fixierung, also das Festmachen von Patienten, wird von Sachsse nicht als Behandlungsmethode, sondern als letzter Ausweg gesehen. Er steht diesen »Zwangsmethoden« sehr skeptisch gegenüber, weil er das damit verbundene hohe Mißbrauchspotential fürchtet. Dennoch beurteilen vier seiner Patientinnen, welche er über die Behandlung berichten ließ, im folgenden die Auswirkungen einer zeitweiligen »zwangsweisen Unterwerfung« positiv:

Alle vier Patientinnen, wie eine Reihe anderer übrigens auch, sagten anschließend von sich aus gelegentlich zur Schwester: »Ich glaube es ist besser, wenn ich mal ein paar Stunden festgemacht werde. Ich weiß sonst nicht, was ich tun werde. Ich melde mich dann, wenn es wieder geht.« – Frau D. schrieb mir mehrere Jahre nach Abschluß ihrer Therapie: »Ohne Fixierung hätte ich es nie geschafft, mich nicht mehr selbst zu verletzen. Auch wenn es in dem Moment der Fixierung die ›Hölle‹ war, so hat die Fixierung den unerträglichen Druck als alleiniges Mittel durchbrechen können. Das hätten zu diesem Zeitpunkt weder Therapie noch Medikamente geschafft. Was für mich noch viel wichtiger ist, daß ich dadurch eine ›Technik‹ erlernt habe, die Fixierung als Hilfsmittel ohne tatsächliche Fixierung einzusetzen. Auch lange nachdem ich mich das letzte Mal verletzt hatte und die Therapie abgeschlossen war, machte es mir diese ›Technik‹ möglich, nicht mehr rückfällig zu werden. Es gelang mir später, das Ganze auch auf andere Bereiche auszudehnen, nicht nur bei Selbstverletzungen anzuwenden.« Offenkundig hatte Frau D. durch die Fixierungen gelernt, sich auch ohne Fixierung selbst »ruhig zu stellen« (S. 148).

Ich führe diese Stelle als Beispiel an, da ich selbstverletzendes Verhalten als Suchtverhalten sehe, welches in einer Traumatisierung, in einer unverarbeiteten existentiellen Bedrohung in der oralen Phase, begründet liegt. Es steht im Zusammenhang mit einer Borderline-Störung, wie auch Sachsse seine Patienten als Borderline Patienten diagnostiziert. Der betreffende Mensch war als Säugling – möglicherweise wiederholt – in eine existentiell bedrohliche Not geraten, und es war im Anschluß niemand da, um ihn ausreichend zu trösten.

Da die meisten schweren Suchterkrankungen auf eine orale Störung zurückgehen, habe ich sie unter diesem Aspekt ausführlich beschrieben. Es kann aber ebenfalls in den darauffolgenden Entwicklungsstufen aufgrund eines neurotischen Konfliktes zu einer Suchtentwicklung kommen. Theoretisch besteht diese Möglichkeit ein ganzes Leben lang. In der Praxis ist es aber so, daß die überwiegende Mehrzahl der erworbenen psychischen Störungen auf frühe Störungen aufbauen. Das heißt, in der im besonderen Maße prägenden oralen Entwicklungsphase konnte die Entwicklung des Selbstbewußtseins nicht in einem ausreichenden Ausmaß geschehen. Diese früh erworbenen blinden Flecke im Selbstbewußtsein bilden dann die Basis für Entwicklungsdefizite in den daran anschließenden Entwicklungsphasen. Dadurch kommt es oft zu einer psychischen Symptomatik, bei der wohl ein oraler Schwerpunkt gegeben ist, aber diverse Mischformen diesen überlagern können.

Suchterkrankungen, welche sich auf eine Fixierung auf spätere Entwicklungsstufen beziehen, werden oft nicht als Suchterkrankungen diagnostiziert. So wird ein Arbeitssüchtiger oder einer, der sich sein ganzes Leben lang vergeblich auf der Suche nach dem idealen Partner befindet,

eher von der Diagnose Sucht verschont bleiben als beispielsweise ein Alkoholiker.

Auch asoziales Verhalten wird selten unter dem Aspekt
der Süchtigkeit betrachtet. Dennoch stellt das folgende
Kapitel in gewissem Sinne eine Fortsetzung des Themas
Suchterkrankungen dar.

KAPITEL 7

Fehlendes Selbstbewußtsein kann zu einer asozialen Gesinnung führen

Wo beginnt asoziales Verhalten?

Das oben beschriebene Suchtverhalten ist vorwiegend selbstschädigend, während beim asozialen Verhalten die Schädigung der Umwelt im Vordergrund steht. Oft haben Asoziale ebenfalls eine orale Suchtproblematik, beziehungsweise neigen Menschen mit dieser Suchtproblematik vermehrt zu asozialem Verhalten. Oft besteht bei Störungen eine Mehrfachsymptomatik. Welches Symptom im Vordergrund steht, darüber entscheidet die Fixierung an das Nichtbewältigen einer Entwicklungsaufgabe. Die Fixierung findet dort statt, wo das Entwicklungsdefizit am größten ist, bei asozialem Verhalten in der analen Phase. Es entspricht in seinem Grundmuster dem neurotischen Verhalten und unterliegt so der Dynamik des Wiederholungszwangs.

Während ein Süchtiger nicht spürt, was ihm guttut, und deshalb ständig selbstdestruktiv eine Grenze überschreiten muß, überschreitet der Asoziale die Grenzen gegenüber seinen Mitmenschen, da er in erster Linie nicht spürt, wann er genug hat.

Muß ein Kind beispielsweise innerhalb des Familienverbandes ständig seine Ohnmacht erleben oder erfährt es eine ihm völlig unangemessene Mächtigkeit oder eine Mischung aus beidem, so kann es sich selbst in bezug auf seine Macht nicht stimmig erleben. Ein unstillbarer Machthunger wird so zur Basis für süchtiges asoziales Verhalten.

Menschen mit einer asozialen Einstellung können fälschlich für Menschen gehalten werden, die ein starkes Selbstbewußtsein haben. Ihr massiver Abwehrpanzer gegen die eigenen Gefühle läßt sie stark erscheinen. Es handelt sich dabei aber nur um eine oberflächliche Stärke, die eine innere Unsicherheit abwehrt. Echtes Selbstbewußtsein hingegen ist eine innere Stärke, wodurch ertragen werden kann, daß Offenheit und Verwundbarkeit bestehen bleiben. Asoziales Verhalten hingegen steht immer im Zusammenhang mit Verschlossenheit und Härte.

Bereits auf Spielplätzen und in Kindergärten kann man bei manchen Kindern eine asoziale Tendenz beobachten. Diese Kinder wollen alles für sich haben, unentwegt im Mittelpunkt stehen und können schlecht in Gruppen integriert werden. Das Lernen, mit der eigenen Aggressivität umzugehen, ist der Schwerpunkt in der analen Phase. Wie das Kind es lernt zu fordern, richtet sich einerseits nach dem Temperament, andererseits nach dem Vorbild der Eltern. Machtkämpfe mit dem Kind müssen – um erzieherisch positiv wirken zu können – »zum Wohle des Kindes« geführt werden. Das Wichtigste dabei ist, daß das Kind verständnisvoll und stimmig gespiegelt wird. Besteht aber bei den Eltern selbst – bewußt oder unbewußt – eine asoziale Tendenz, so ist die Spiegelung nicht stimmig und enthält eine heimliche Bewunderung, die mehr wiegt als vordergründige verbale Zurechtweisungen. Daß das Kind sich ständig zuviel herausnimmt oder sich nie etwas gefallen läßt, wird von diesen Eltern dann als Zeichen eines starken Selbstbewußtseins gedeutet. Der heimliche Stolz

der Eltern bringt die Kinder dazu, demonstrativ »über die
Stränge zu schlagen«, worauf die Eltern letztendlich nur
noch mit unmäßiger verständnisloser Härte reagieren können. Diese emotionalen Wechselbäder wirken sich ungün-
stig aus, weil dem Kind kein Halt vermittelt werden kann.

Eine asoziale Einstellung kann offensichtlich oder verschleiert bestehen. Sie kann in einem zweiten Verdrän-
gungsschritt durch überangepaßtes Verhalten oder Unter-
würfigkeit abgewehrt werden. Die moralischen Normen
sind dann nur übergestülpt und nicht verinnerlicht. Solche Kinder wirken gelegentlich wie »dressiert« und leben
ihre überzogenen Machtansprüche entweder als Sympa-
thisanten und Mitläufer offensichtlich asozial Handelnder
aus, oder aber sie bekämpfen alles Asoziale unerbittlich
als Gerechtigkeitsfanatiker. Bezeichnend ist dann, daß sie
keinerlei Ungerechtigkeiten ertragen können und darauf
mit überschäumender Rache reagieren. Grundsätzlich ist
ein Kind, das eine Neigung zu asozialem Verhalten entwickelt, daran zu erkennen, daß es sich beständig seiner
Umwelt gegenüber zuviel herausnimmt. Es kennt kaum
Rücksichtnahme auf die anderen und greift zu unlauteren
Mitteln. Es giert ständig danach, eine »Extrawurst« gebra-
ten zu bekommen. Auch wenn dies gelegentlich von Eltern stolz belächelt wird, stellt das Schummeln beim Regelspiel oder der Spickzettel bei der Klassenarbeit bereits
den Beginn asozialen Verhaltens dar. Das Kind oder der
Jugendliche hat dann nicht ausreichend gelernt, seine aggressiven Forderungen in stimmigen Einklang mit seinen
tatsächlichen Bedürfnissen zu bringen. Dies ist der Grund
für seine zu hohe Anspruchshaltung.

Bei Kindern, die durch Lügen, Stehlen oder aggressive
Destruktivität auffällig werden, ist es nötig, daß eine
Bezugsperson vermehrt haltgebend reagiert. In solchen

Fällen ist verstärkte Erziehungsarbeit erforderlich. Schon die Anfänge von asozialem Verhalten sollen aufgedeckt werden. Das Verständnis, das ein Kind für seine Über-Ich-Entwicklung braucht, ist die stimmige emotionale Betroffenheit der Bezugsperson. Lügt oder stiehlt beispielsweise ein Kind, braucht es dringend die Enttäuschung des Gegenübers, die eine moralische Bewertung darstellt. Nur wenn Eltern zu solch einer besorgt-betroffenen Reaktion fähig sind, kann das Kind zu Scham, Schuld und Reue kommen. Scheuen die Eltern davor zurück oder passen sie zuwenig auf und lassen sich zu leicht täuschen, entsteht ein Zustand der Verstrickung. Das Kind wird weiterlügen oder weiterstehlen, und es wird unbewußt den Vorwurf daran knüpfen, daß die Eltern nicht aufgepaßt haben. Versuchen die Eltern dann zu einem späteren Zeitpunkt, »hart durchzugreifen«, um das Kind zu disziplinieren, ist die Chance auf einen stimmigen Dialog vertan. Aus der Verstrickung entwächst ein harter fruchtloser Machtkampf, wobei die emotionale Abschottung des Kindes, aber auch die der Erzieher zunimmt. Werden dann oberflächliche Dressurerfolge, welche sich auf beiden Seiten gelegentlich einstellen, zum Ansatzpunkt genommen, um ein weiterführendes Übungsprogramm aufzubauen, ist dieses zwangsläufig zum Scheitern verurteilt, weil der tieferliegende Konflikt nicht emotional berührt wurde.

Oft besteht ein krasser Gegensatz zwischen dem, was die Eltern sagen, und dem, was sie atmosphärisch vermitteln.

Als mir eine Mutter mit ihrem »mißratenen« dreizehnjährigen Sohn gegenübersaß und von seinen Diebstählen und Schlägereien berichtete, konnte ich mich des Eindrucks nicht erwehren, daß die beiden in Wirklichkeit »ein Herz und eine Seele« waren. Bei der Mutter

schwang solch eine unerschütterliche Bewunderung für
ihren Sohn mit, daß – als sie abrupt weinerlich sagte, sie
sei jetzt absolut am Ende, und wenn sich das Verhalten
nicht binnen drei Wochen ändere, werde sie ihren Sohn
ins Heim geben – niemand die Drohung ernst nehmen
konnte. Ich erfuhr zufällig, daß der Junge zwei Jahre später tatsächlich in einem Heim untergebracht werden sollte und die Mutter alles tat, um dies zu verhindern. In seinem Vorstellungsgespräch bei mir hatte der Junge in
einem assoziativen Satzergänzungstest an den halben
vorgegebenen Satz: »Es stört mich besonders, ...«
damals schon hinzugefügt: »daß meine Mutter nicht
strenger mit mir ist«. Der Versuch einer ambulanten
Therapie war an der fehlenden Umstellungsfähigkeit der
Mutter gescheitert.

Wiederholte Drohungen, das Kind in ein »Heim« zu geben,
sind stets ein Alarmzeichen und signalisieren die Ohnmacht der Eltern. Sie bewirken, wenn überhaupt, nur einen kurzfristigen Dressurerfolg. Antworten wie: »Ist mir
doch egal, dann gehe ich eben ins Heim« zeigen, wie groß
auf beiden Seiten die Abwehr dagegen gedeihen kann, sich
vom Gegenüber »treffen« zu lassen. Aber auch Reaktionen
wie die eines Vaters, der seit Monaten registrierte, daß ihn
sein achtjähriger Sohn beklaute, und der sich von verschiedenen Stellen beraten ließ, wie er es denn am besten
ansprechen sollte, zeigen diese elterliche Ohnmacht auf.
  Die Enttäuschung über das Verhalten des Kindes zuzulassen und sich als Folge ein Stück weit emotional vom
Kind zurückzuziehen, dabei aber gleichzeitig auf der Hut
zu bleiben heißt, auf das Kind eingehen und auf es aufpassen. Das Gegenteil ist die Abwehr der Enttäuschung. Sie
kann darin bestehen, daß das asoziale Verhalten des Kin-

des bagatellisiert oder verteufelt oder dem Kind übermäßig »ins Gewissen geredet« wird. Wenn die Enttäuschung der Eltern aber nicht »echt« ist, kann sich das Kind auch nicht betroffen fühlen. Eine zur Schau getragene Zurückweisung, verbunden mit harten Androhungen, und besonders das Übersehen der Anzeichen für asoziales Verhalten des Kindes sind weitere ungünstige Reaktionen der Eltern.

Hört man beispielsweise Eltern von jugendlichen Gewalttätern genau zu, wenn sie in den Medien ausführen, daß für sie gar nichts darauf hingedeutet hat, daß es zu so etwas kommen konnte, sind meist Anzeichen dafür vorhanden, daß Signale nicht ernst genommen wurden. »Zwar habe ich die leeren Patronenhülsen im Auto bemerkt, aber ich habe mir nicht viel dabei gedacht«, gab ein Vater an, dessen Sohn einen Polizisten erschossen hatte. Daß der Vater ganz offensichtlich ein falsches Bild von seinem Sohn hatte, zeigte auf, daß er ihn schon über lange Zeit nicht stimmig erkannt und gespiegelt haben konnte.

Gewalttätiges Verhalten bei Kindern und Jugendlichen

Kaum ein anderes Thema hat in den letzten Jahren soviel Betroffenheit ausgelöst wie aggressiv-destruktives Verhalten von Kindern und Jugendlichen.

Die Frage, was denn hier falsch laufe, löste eine breite gesellschaftspolitische Diskussion über die Ursachen einer zunehmenden Gewaltbereitschaft von Kindern und Jugendlichen aus.

Der Vorwurf, daß Heranwachsende durch den Konsum gewaltverherrlichender Videos zu Gewalttaten angestiftet werden können, ist sicherlich teilweise berechtigt. Die moderne Medienwelt kann in dieser Hinsicht als Droge Wirkung zeigen. Dennoch darf nicht übersehen werden, daß ein Zusammenhang besteht zwischen einem Mangel an Selbstbewußtsein und der Verführbarkeit des Kindes beziehungsweise des Jugendlichen.

Die Bereitschaft zur Gewalt wurzelt in einem falschen Selbstbild, das darin besteht, daß sich der Betreffende gegenüber den anderen als zu mächtig empfindet. Hat der Depressive ein zu rosiges Bild von seinen Möglichkeiten, der Süchtige zuwenig Gefühl dafür, was ihm guttut, der Trotzige die Neigung, anderen zu beweisen, daß er keine Hilfe braucht, so ist der gewaltbereite Asoziale davon überzeugt, daß ihm mehr zusteht als den anderen. Da er letztlich davon ausgeht, daß er König ist und die anderen sich seinen Wünschen unterwerfen müssen, kann er Frustrationen überhaupt schlecht ertragen und ist außerordentlich reizbar.

Als Abwehrmaßnahme gegen die gefürchteten Frustrationen sind solcherart gestörte Kinder und Jugendliche anfällig, sich in eine Phantasiewelt zu flüchten, wo sie sich mit einem »Super- oder Megawesen« identifizieren. Dort können sie ihr mächtiges Größenselbst nähren und das Fehlen einer stimmigen Auseinandersetzung mit der Realität kompensieren. Es sind oftmals überangepaßte, verkrampfte und schüchterne Einzelgänger, die beispielsweise am Gameboy, am Computer oder vor dem Fernseher ihrer starken Gefühle kaum Herr werden können. Dies zu erkennen, auf sie zuzugehen und sie wieder vermehrt dazu zu bringen, ihre Aggressivität in realen Auseinandersetzungen anstatt in einer Phantasiewelt zu leben, erfordert vom Gegenüber viel Einfühlungsvermögen. Werden solche Kinder nicht von ihrem Höhenflug zurückgeholt, kann der letzte unbewußte Versuch, die Phantasie doch in der Realität zu verankern, in einer grausamem Verzweiflungstat bestehen.

Schädliche Einflüsse aus der Umwelt, gleichgültig ob sie von falschen Freunden, den Medien oder rechtsradikalen Gruppierungen ausgehen, können nur dann wirksam werden, wenn dieses falsche Selbstbewußtsein besteht. Die Ursachen dafür können im einzelnen ganz unterschiedlich sein, immer besteht aber ein Defizit an stimmiger Auseinandersetzung bezüglich der eigenen Macht. Wird ein Kind übermäßig verwöhnt, so ist das Verständnis, auf das es mit seinen Wünschen stößt, nicht stimmig, da sich die Bezugsperson zu sehr zurücknimmt. Was in der ersten Entwicklungsphase wichtig ist, nämlich dem Kind seine Bedürfnisse und Wünsche zu spiegeln, wird dann in der zweiten Entwicklungsphase von den Bezugspersonen einfach verstärkt fortgeführt, ohne daß zusätzlich eine stimmige Eingrenzung der Wünsche erfolgt. Dadurch werden die Wünsche im Kind übermächtig, und die Entwicklung des Über-Ich kann nicht richtig einsetzen. Manche Gewalttäter wirken wie aggressive Kleinkinder und vermitteln so, daß sie emotional auf dieser psychischen Entwicklungsstufe stehengeblieben sind. Das Motiv der Eltern, ihre Kinder übermäßig zu verwöhnen, liegt meist in einem eigenen ungelösten Konflikt mit ihren Eltern. Unbewußt inszenieren sie ihre eigene Problematik. Dazu gehört auch, daß sie sich aufopfern und hoffen, von ihren Kindern das zu bekommen, was ihnen die eigenen Eltern vorenthalten haben. Mit dieser Erwartungshaltung überfordern sie ihre Kinder, weil diese in der bestehenden Situation ein Gegenüber brauchen, das sie »selbstlos« eingrenzt und nicht mit den eigenen Problemen beschäftigt ist.

Hinter der Verwöhnung eines Kindes kann aber auch Gleichgültigkeit und Desinteresse der Eltern stehen. Das Kind wird dann abgespeist, und die Verwöhnung stellt eigentlich eine Verwahrlosung des Kindes dar. Da dies oft nicht erkannt wird, ist es dann für die Umwelt eine große Überraschung, wenn sich Kinder aus scheinbar gutem Hause asozial und gewalttätig verhalten.

Eher nachvollziehbar ist, daß Unterdrückung von Kindern ein guter Nährboden für Gewaltbereitschaft ist. Tyrannische Väter und exzentrisch-dominante Mütter, die ihre Kinder ständig unterdrücken und demütigen, verursachen bei ihren Kindern aufgestaute Haßgefühle, die sich in asozialer Form entladen können. Solches Verhalten ist den Eltern immer nur mehr oder weniger bewußt; wäre es ihnen voll bewußt, wären sie nicht in der Lage, ihre Kinder so zu behandeln.

Aber auch einmalige traumatisierende Erlebnisse, wie ein sexueller Mißbrauch oder ein lebensbedrohlicher Überfall, können, wenn sie stattfinden, nachdem die Ich-Entwicklung schon bis zu einem bestimmten Ausmaß vollzogen ist, gewalttätiges asoziales Verhalten begründen. Finden die traumatisierenden Einschnitte früher statt, wird der Betreffende eher mit Selbstzerstörung darauf reagieren.

Wird ein Erwachsener gewaltsam überwältigt und unmenschlich behandelt, stellt dies, selbst für ein gut entwickeltes Über-Ich, eine gewaltige Belastungsprobe dar. Kann er dieses Erlebnis psychisch nicht verarbeiten, wird er den Glauben an »das Gute im Menschen« verlieren, und sein Über-Ich wird außer Kraft treten. Sein Ich richtet dann ungebremst die gewaltigen Aggressionen, die zwangsläufig im Opfer entstehen, destruktiv gegen die Umwelt. Er kann schließlich zu einer von der Realität abgekoppelten, überheblichen Einstellung gelangen und denken: »Da mir solche außerordentlich schlimme Dinge widerfahren sind, setze ich mich jetzt über die anderen hinweg.« Auf diese Art und Weise werden Opfer zu Tätern. Die Einstellung,

sich von oben herab über gesellschaftliche Normen hinwegzusetzen, ist immer bezeichnend für asoziales Verhalten.

In seiner schlimmsten Form kann asoziales Verhalten
zu einer menschenverachtenden Gesinnung führen, bei
der das Leben eines anderen Menschen nicht mehr zählt.
Abgesehen von schwersttraumatisierten Menschen, denke
ich, daß in solchen Fällen von »Gefühlskälte« von vorn-
herein ein Entwicklungsdefizit besteht. Etwas, das zur psychischen Entwicklung des Menschen dazugehört, nämlich
die Fähigkeit, sich sozial zu verhalten, konnte nicht entwickelt werden. Ähnlich der Inzestschranke (siehe Kap.
4) ist im Menschen ebenfalls genetisch eine Schranke
angelegt, die ihn am asozialen Verhalten hindert. Da diese
Schranke an die Entwicklung des Über-Ichs oder Gewis-
sens gebunden ist, kann man sagen, daß gewalttätige Asoziale an einer Über-Ichschwäche leiden beziehungsweise
in schlimmen Fällen »gewissenlos« sind.

Die folgenden Fallbeispiele sollen aufzeigen, wie gewalttätiges Verhalten vor dem Hintergrund dieses Entwicklungsdefizits gesehen werden kann.

Ein siebenjähriger Junge wurde aufgrund seiner aggressiven Ausbrüche in der Schule bei mir vorgestellt. Er war
ein Einzelgänger, der von den Mitschülern abgelehnt
wurde und auch im Leistungsbereich aufgrund seiner
niedrigen Frustrationstoleranz und depressiver
Verweigerungshaltung auffiel. Wenn er wütend wurde,
war er nicht zu bremsen, attackierte und verletzte andere Kinder ernstlich. In den Behandlungsstunden machte
er einen schüchternen und wohlerzogenen Eindruck. Er
kam ins Behandlungszimmer »geschlichen«, war
äußerst wortkarg, begann sich aber schnell auf der
Spielebene in Szene zu setzen. Er wählte aus dem Spiel-

figurensortiment den »übelsten Gesellen« als »Chef«
aus und ließ ihn stets gegen zahlreiche andere Figuren
kämpfen. Leidenschaftlich ließ er diesen »unbesiegbaren
Chef« die Gegner einen nach dem anderen niedermachen. Er war dabei ganz entrückt und kaum ansprechbar. Über einige Behandlungsstunden stellte er süchtig
anhand dieses Spiels sein gigantisches Größenselbst
dar, wobei er sich selbst als den »unbesiegbaren Chef«
phantasierte. Das Ausmaß der Bedrohung, das eintrat,
wenn seine Mächtigkeit in Frage gestellt wurde, zeigte
sich daran, daß der »Chef« immer gleich jeden töten
mußte, der auf ihn zukam. Ich unterbrach sein
Suchtverhalten, verlagerte den Kampf auf eine andere
Spielebene und schlug vor, daß wir beide im Regelspiel
gegeneinander kämpfen sollten. Zögerlich willigte er ein.
Auf dieser Ebene zeigte sich sofort, wie niedrig seine
Frustrationstoleranz war. Wenn ich im Spiel einen Punkt
machte, fühlte er sich aufs äußerste bedroht. Daraufhin
begann er wie der »allmächtige Chef«, sich über alle
Regeln hinwegzusetzen. Er schummelte auf eine geradezu unverschämte Art und Weise und versuchte mich
so »niederzumachen«.
Ich konnte in diesen Momenten deutlich spüren, wie er
mit seinem Verhalten widersprüchliche Impulse beim
Gegenüber auslöste. Einerseits war ich versucht, ihn aufgrund seiner drohenden Haltung zu beschwichtigen und
Zugeständnisse zu machen, andererseits ihn aggressiv
zu bekämpfen. Ich überwand diese »Gegenüber-
tragungsimpulse« – da darin ein Großteil meiner therapeutischen Aufgabe besteht –, ließ mich nicht verstrik-
ken, blieb enttäuscht und spiegelte ihn geduldig in seiner
Not. Ich spiegelte ihm sein Pech ausführlich, das darin
bestand, daß er nur eine Drei gewürfelt und sich so sehr

eine Sechs gewünscht hatte. Schließlich – nach einigen Wutausbrüchen, wobei er um sich schlug und Gegenstände durch die Luft schleuderte – erreichte ich ihn in seinem abgewehrten Schmerz, und er begann aus der Tiefe heraus zu weinen. Er erzählte, was für ein Pechvogel er doch sei. Immer wenn er etwas wolle, bekomme er es nicht. Aus dem wortkargen Jungen brach plötzlich eine lange Leidensgeschichte hervor. Die Beispiele, die ihm einfielen und illustrierten, wie groß sein Pech war, wollten gar kein Ende nehmen. Er war endlich dabei angelangt, seine verdrängten Frustrationen ein Stück weit zu verdauen.

Eine Woche später, als er wiederkam, ging er zum Regal und holte das nämliche Regelspiel hervor. Ich gab ihm zu bedenken, daß dies wiederum schwierig für ihn werden konnte, weil es ihm ja soviel ausmache, zu verlieren. Er bestand aber darauf, es erneut zu versuchen.

So lernte der Junge auf der Spielebene, im Verlauf von Regelspielen, Grenzen zu akzeptieren. Da es ihm gelang, den Abwehrschild des Unbesiegbaren, des Unverwundbaren zunehmend abzulegen, konnte er zunehmend seine Wünsche formulieren, seine Ängste ausdrücken und, was am wichtigsten war, sich über unerwartetes Glück im Spiel »echt« freuen. Durch diese Möglichkeit, Befriedigung zu erleben, wurde er belebt und erfuhr eine Neuorientierung.

Er wurde auch im täglichen Leben zunehmend offener, und seine Tendenz, sich in eine Scheinwelt zu flüchten, nahm ab. Anstelle der aggressiven Durchbrüche fing er nun in der Schule an, laut zu heulen, wenn er sich ungerecht behandelt fühlte. Dies bewirkte, daß er schließlich besser integriert wurde. Die Eltern kamen aber mit dieser neuen verwundbaren Seite ihres Sohnes schlecht zurecht, und besonders die Mutter versuchte durch verstärktes Verwöhnen des Sohnes unbewußt der Therapie entgegenzuarbeiten. Sie konnte es schlecht ertragen, wenn ihr Sohn leiden mußte, da sie, wie sie sagte, ein zu weiches Herz habe. Der Vater reagierte mit Befremden und versuchte die Therapie schlechtzumachen. In den gemeinsamen Elterngesprächen konnte ich den Eltern aber doch noch verständlich machen, wie sie dazu beigetragen hatten, daß aus ihrem Sohn ein kleiner Tyrann geworden war. Dadurch, daß sie sich den Wünschen des Sohnes zu sehr unterworfen hatten, war dieser zu mächtig und sie zu einer Art Dienerschaft ihres Sohnes geworden. Die Schilderung eines gemeinsamen Fahrradausfluges bot hierfür ein schönes Bild. Der Vater gab an, daß der Sohn, der mit dem neuen teuren Fahrrad vorausfuhr, ihn gezwungen habe, ihn immer dann, wenn es bergauf ging, zu schieben. »Der hat solch einen Dickkopf, wenn der etwas will, haben wir keine Chance«, lautete dazu der Kommentar der Mutter.

Da es letztlich bei asozialem Verhalten immer um das Niedermachen und Ausbeuten des anderen geht, ist es wichtig, einen Bezug zu diesem Thema in der Lebensgeschichte der Eltern zu finden. Beim Vater kam heraus, daß er sich von seinem Vater unterdrückt und ausgenutzt gefühlt hatte und sich jetzt in seiner beruflichen Situation wiederum seinem Chef gegenüber in dieser Rolle fühlte. Es war naheliegend, daß er unbewußt seine ungelöste Problematik auch in der Beziehung zu seinem Sohn lebte. Ebenso gab es bei der Mutter Hinweise, daß Ausbeuten und Ausgebeutetwerden in ihrer Herkunftsfamilie die Beziehungsmuster bestimmt hatte.

Im Gegensatz zu Kindern, die hinsichtlich ihrer Bedürfnisse zu wenig Verständnis erfahren, verhalten sich Kinder, die ein Zuviel an Verständnis bekommen, ganz anders. Sie flüchten sich nicht in Scheinbedürfnisse oder demonstrieren, daß sie alleine zurechtkommen, sondern sie gehen drohend auf Konfrontationskurs. »Wenn du mich nicht gewinnen läßt, tret ich dir ans Schienbein«, so ein anderer siebenjähriger Junge. Oft verlaufen die Machtdemonstrationen auch weniger offensichtlich.

Bei einem unauffällig erscheinenden dreizehnjährigen Jungen, der einer Lehrerin wegen seiner kalten, brutalen Reaktionen aufgefallen war, vermittelte sich das Bedrohliche in gewissen Augenblicken blitzartig atmosphärisch. Ich fand heraus, daß er zu Hause zurückgezogen mit seinem PC wie eine graue Eminenz im Dachgeschoß des Hauses wohnte. Die Mutter brachte ihm das Essen hinauf und hatte Herzklopfen, wenn sie an seine Tür klopfte und ihn störte. Der Vater schimpfte zwar, das dies doch kein Familienleben sei, traute sich aber nicht, seinen Sohn zur Rede zu stellen.
Kam er auf die guten schulischen Leistungen und die Computerkenntnisse des Sohnes zu sprechen, äußerte er sich so untertänig und so voll ehrfürchtiger Bewunderung, daß die zu große Macht des Sohnes offensichtlich wurde.

Bei genauerer Betrachtung findet man bei den Eltern asozialer Kinder immer die Angst, gedemütigt zu werden. Ein frühes Anzeichen dafür ist es etwa, wenn das Kleinkind im Supermarkt seine Mutter einschüchtern kann, indem es sagt: »Wenn ich das nicht bekomme, dann schrei ich so laut, daß ...«. Die Mutter einer vierzehnjährigen Tochter, die ihr täglich bewies, daß sie nichts zu sagen hatte – sie hielt sich überhaupt nicht an die Anweisungen und belog und hinterging die Mutter ständig –, sagte ihrerseits dro-

hend: »Du bringst mich noch ins Grab!« Ein anderer Vater
wiederum fühlte sich tatsächlich von seinem fünfzehnjäh-
rigen gewalttätigen Sohn nachts bedroht. Er hatte die Tür
verbarrikadiert und konnte kaum mehr schlafen. Sein ge-
heimer Wunsch aber war es, später mit dem mächtigen
Sohn ein Bodyguard-Unternehmen zu gründen.

Zur Behandlung von asozialem Verhalten

Wie bei jedem neurotisch-süchtigen Verhalten wohnt dem
wiederholten Auftreten asozialen Verhaltens eine unbewußte Selbstheilungsabsicht inne. Einer der bedeutendsten Kinderanalytiker, D. W. Winnicott, beschreibt die asoziale Tendenz als einen Ausdruck von Hoffnung: »Die
a(nti)soziale Tendenz ist durch ein Element gekennzeichnet, durch das die Umwelt gezwungen wird, in irgendeiner Weise Stellung zu nehmen. Aufgrund eines unbewußten Drangs zwingt der Patient jemanden, sich um ihn
zu kümmern.« (»Von der Kinderheilkunde zur Psychoanalyse«, S. 234)
   Mit anderen Worten, wer sich asozial verhält, demonstriert durch sein Verhalten, daß er die Grenzen hinsichtlich seiner Macht nicht angenommen hat. Er zeigt so auf,
daß man sich um ihn in der analen Phase nicht ausreichend gekümmert hat. Er wurde von seiner hauptsäch-
lichen Bezugsperson nicht ausreichend stimmig mit den
anstehenden Frustrationen gefüttert, so daß er diese hätte
annehmen können. So mußte er eine Abwehrmauer gegen
die immer bedrohlicher werdenden Frustrationen errichten. Aufgrund der fehlenden Verinnerlichung ist in ihm
ein unstimmiges, zu mächtiges Größenselbst entstanden,
das sich im asozialen Verhalten ausdrückt. Der Asoziale

wünscht sich aber unbewußt, daß sich jemand kümmert und ihm die Grenzen so aufzeigt, daß er sie hinnehmen kann. Im Grunde genommen beinhaltet asoziales Verhalten einen unbewußten Appell an die Umwelt, bei der Beseitigung eines Entwicklungsdefizits behilflich zu sein.

Um gebahntem asozialen Verhalten Einhalt zu gebieten, ist es nötig, dem Betroffenen emotional zu vermitteln, daß er zu weit gegangen ist. Bei Kindern vor der Pubertät ist es am wirksamsten, die Eltern dazu zu bringen, die Verantwortung zu übernehmen. Ein Kind mit einem schwachen Über-Ich zeichnet sich eben gerade dadurch aus, daß es keine Verantwortung übernimmt. Wenn die Eltern lernen, im richtigen Moment Nein zu sagen, fest zu bleiben und es auszuhalten, das Kind trotz Protest zurückzuhalten, übernehmen sie dadurch Verantwortung. Nur durch diese Vorgehensweise kann das Kind seinerseits lernen, Verantwortung zu übernehmen. Der Vorwurf im nachhinein, wie etwa der einer Mutter an ihren fünfjährigen Sohn: »Es ist nicht meine Schuld, du hast es ja selbst so gewollt«, geht ins Leere und untermauert letztlich wiederum die zu große Macht des Kindes.

Bei Jugendlichen und Erwachsenen ist es für die Eltern weitaus schwieriger, da sie als Bezugsperson nicht mehr die zentrale Bedeutung haben wie vorher. Hier ist die Umwelt verstärkt gefordert und Zivilcourage bei den Mitmenschen angesagt. Besonders wichtig ist es aber, daß der Berufsstand der Psychotherapeuten die Konfrontation mit der Aggression der Patienten nicht scheut. Dies bezieht sich natürlich nicht nur auf die Behandlung von Störungen des Sozialverhaltens, bekommt aber doch in diesen Fällen eine andere – nämlich gesellschaftspolitische – Dimension.

Es kann im Einzelfall, je nach Stärke der Abwehrmauer, sehr schwierig sein, den Betroffenen durch das Aufzeigen von Grenzen emotional zu erreichen und zu treffen. Fühlt er sich betroffen, werden sich Scham, Schmerz und vor allem Reue einstellen. Hat die Störung in einer Traumatisierung ihren Ursprung, so muß – wie beim Absetzen des Suchtverhaltens bei schweren Suchterkrankungen – mit dem Auftauchen einer psychotischen Abwehr gerechnet werden. Um therapeutisch etwas bewirken zu können, muß sich die traumatische Situation von einst, nämlich, daß der Betroffene sich als lebensbedrohlich überwältigt und machtlos ausgeliefert fühlt, innerhalb der therapeutischen Situation konstellieren. Diesen Zustand zu ertragen und dabei von außen – gegebenenfalls auch körperlich – gehalten zu werden ermöglicht dem Patienten eine Angleichung der abgespaltenen chaotischen Gefühle. Erst danach kann durch stimmiges Vermitteln der Realität Reue für das asoziale Verhalten hervorgerufen und eine nachhaltige Verhaltensänderung des Betroffenen erzielt werden.

Unlängst las ich einen Bericht über ein als sehr wirksam beschriebenes Anti-Gewalt-Training für jugendliche Gewalttäter. Obwohl es als Training bezeichnet wurde, handelte es sich um eine therapeutische Vorgehensweise. Der Kernpunkt dieses Trainings ist der sogenannte »heiße Stuhl«. Sitzt ein jugendlicher Gewalttäter auf diesem »heißen Stuhl«, so wird er mit provozierenden Fragen immer mehr in eine Sackgasse gedrängt und gezwungen, sich verbal zu verteidigen, bis er an den Punkt gelangt, wo es keine Verteidigung mehr gibt, wo er klein beigeben muß, wo er sich bewußt selbst als Opfer fühlt. »Hier wird mit dem Mythos Schluß gemacht, daß nur das Opfer Schuld hat« sagt der Trainer. »Im Laufe der Sitzung sollen die Jungen an die Aggressionsauslöser herangeführt werden. Sie müssen zu dem Punkt kommen, wo sie noch mal zuschlagen würden. In der Regel folgt dann aber ein Zusammenbruch.

»Auf dem ›heißen Stuhl‹ zu sitzen heißt, an die Grenzen gehen«, schreibt der Trainer Rüdiger Dahm. Der wichtigste Punkt an dieser Vorgehensweise ist, daß die jugendlichen Gewalttäter bei diesem Training gezwungen werden, ihre eigenen destruktiven Aggressionen bewußt zu erleben und zu spüren. Dies bewirkt den »Zusammenbruch«, der anzeigt, daß eine Über-Ichschranke errichtet wird.

Wie abenteuerlich sich solch ein Bericht auch lesen mag, er beschreibt das wichtigste therapeutische Ziel: Es muß erreicht werden, daß der Täter sich als Opfer fühlt. Nur in diesem Zustand kann er Zugang zu den abgewehrten Gefühlen gewinnen. Um den Täter in die Opferrolle zu bringen, ist es nötig, ihn gezielt hinter seinem Abwehrschild, der das scheinbar unverwundbare mächtige Größenselbst darstellt, emotional zu treffen. Das Erleben und Annehmen der frustrierenden Gefühle der Machtlosigkeit und des Ausgeliefertseins, die der ursprünglichen traumatisierenden Situation entsprechen, ist die Grundvoraussetzung für eine Wandlung. Erst dadurch wird ein Täter offen für Reue und in der Folge für Hilfe und Mitleid. Asoziales gewalttätiges Verhalten stellt immer eine Abwehr stark erniedrigender Gefühle dar. Sie sind für den Betroffenen die schwer verdauliche Realität, die nicht angenommen werden kann, weil sie als Deprivation – oder in anderen Worten als eine subjektiv himmelschreiende Ungerechtigkeit – empfunden wird. Meist liegt das Trauma weit zurück. Dennoch ist diese Ungerechtigkeit nun einmal geschehen und stellt die Realität für den Betroffenen dar, die verdaut werden muß. Diesen Vorgang anzuregen und zu unterstützen ist die Aufgabe eines Therapeuten.

Die meisten psychischen Schädigungen, welche durch ihren traumatischen Charakter den Nährboden für eine asoziale Entwicklung darstellen, finden im Kindesalter statt. Da ein Kind im Angesicht von existentieller Gewalt oder drohendem Liebesentzug keine andere Wahl hat, als die Demütigung und die reaktiven Gefühle der Wut und des Schmerzes abzuwehren, muß es sich einen Abwehrpanzer zulegen. Schafft ein Kind dies nicht, wird es psychotisch. Aus diesen Kindern werden aufgrund dieser mächtigen Abwehrpanzerung kleine gefühllose »psychopathische« Monster, die es nicht schaffen können, ohne stimmige empathische Unterstützung von außen mit ihren echten Gefühlen wieder in Kontakt zu kommen. Sie werden sich mehr oder weniger offensichtlich zu gefährlichen, da gefühlskalten, asozial gewalttätigen Erwachsenen entwickeln.

In dem vor einigen Jahren in unsere Kinos gekommenen amerikanischen Spielfilm »Dead Man Walking« (USA, 1995) wird die Bekehrungsgeschichte eines Vergewaltigers und Mörders geschildert. Im Angesicht des an ihm zu vollstreckenden Todesurteils findet der Verbrecher aufgrund der empathischen Begleitung einer Nonne kurz vor seiner Hinrichtung zu seinen echten Gefühlen zurück. Er kann sich schuldig fühlen und wird fähig, Reue zu empfinden. Auch wenn der Film sich der Klischees der »amerikanischen« Gefühlsvermarktung bedient, so wird doch dahinter das aktuelle Thema der Hilflosigkeit der Gesellschaft gegenüber Gewalttätern angesprochen. Zusammenhänge zwischen Religiosität und Psychotherapie werden bei einer möglichen Resozialisierung von Gewalttätern angedeutet. Der verbindende Punkt scheint dabei die Wiederentdeckung der Bedeutung des emotionalen Zustandes der Reue zu sein. Der Begriff Reue ist uns meist nur im Zusammenhang mit christlichen Religionen und Geschichten aus der Bibel geläufig. Die Bekehrung eines Sünders ist nur möglich, wenn dieser fähig wird zu bereuen. Im Grunde genommen beinhaltet der altmodische Begriff Reue den Vorgang der bewußten Selbstwahrnehmung vor dem Hintergrund einer demütigenden, schwer annehmbaren und letztlich schmerzlichen Realität. Das Gefühl der Reue ist somit aber nicht an Religiosität gebunden. Es die Folge des emotionalen Aha-Erlebnisses im Verlauf einer Selbsterfahrung. In einer erfolgreichen psychotherapeutischen Behandlung des sich asozial Verhaltenden geschieht im Grunde das gleiche wie bei der »Bekehrung eines Sünders«; ohne echte Reue ist kein Therapieerfolg zu erreichen. Eine Besserung, die nur auf logischer Argumentation und der daraus resultierenden vernünftigen Einsicht beruht, kann nur vorübergehend sein. Das Defizit in seiner psychischen Struktur – seinem Selbstbewußtsein – wurde dabei nicht behoben, weil dies eine tiefe emotionale Betroffenheit verlangt. So können straffällig Gewordene über lange Jahre eingesperrt sein, ohne daß sich hinsichtlich ihrer psychischen Entwicklung irgend etwas tut. Innerhalb der Strafanstalt funktionieren sie, ertragen die ihnen auferlegten Beschränkungen und zeigen sich vernünftig. Ihr Größenselbst, das sie während der Haftzeit nicht offenbaren, bleibt aber unverändert. Werden solche Straftäter entlassen, ist für sie die Gefahr, erneut eine Straftat zu begehen, sehr groß.

KAPITEL 8

Anregungen und Ansatzpunkte zur Nachentwicklung des Selbstbewußtseins

Die Bedeutung von Aggressivität

Ein Mensch, der im herkömmlichen Sinn an einem Mangel an Selbstbewußtsein leidet, hat in erster Linie ein Problem im Umgang mit seiner Aggressivität. Obwohl der Begriff Aggressivität im heutigen Sprachgebrauch meist mit einer negativen Bedeutung besetzt ist, beschreibt er zunächst nichts anderes als unsere Lebensenergie, die aufgrund unserer Triebwünsche entsteht (S. Freud, »Vorlesungen«, S. 511). Durch die Entwicklung von Selbstbewußtsein lernen wir, diese aggressive Lebensenergie konstruktiv einzusetzen, so daß wir von möglichst wenig ungezügelter, destruktiver Aggressivität bestimmt werden. Bereits in der ersten Entwicklungsphase lernen wir unsere Aggressivität auf ein Ziel zu richten. Das lateinische Verb »aggredi« bedeutet im ursprünglichen Sinn, mit Absicht auf etwas zugehen. Um soziale Wesen werden zu können, müssen wir üben, unsere Aggressivität bis zu einem gewissen Grad zu zähmen.

Zur Beschreibung bietet sich das von Freud entworfene Bild von Roß und Reiter an. Dem Roß entsprechen die ungezügelten aggressiven Triebenergien des Es, während der Reiter die Ich- und Über-Ichfunktionen eines Menschen verkörpert. Roß und Reiter bilden eine untrennbare Einheit. Je harmonischer sich das Zusammenspiel zwischen den beiden entwickelt, desto besser verläuft die psychische Entwicklung eines Menschen. Ist der Reiter im ständigen Kampf mit seinem »Tier«, so bedeutet dies einen hohen unproduktiven Energieaufwand, weil sich der Mensch ständig in einem inneren Kampf befindet. Außerdem kann das »Tier« dabei für ihn selbst und andere zur ungezügelten destruktiven Gefahr werden.

Für einen Menschen mit einem Mangel an Selbstbewußtsein ergibt sich im übertragenen Sinn sehr oft der Zustand, daß sich sein »Tier« verweigert. Dieser Mensch ist dann in seinen aggressiven Äußerungen gehemmt. Er hat es nicht in ausreichendem Maß gelernt, seine Aggressivität seinem Willen zu unterstellen. Der Wille eines Menschen ergibt sich aus seinen wirklichen Bedürfnissen und entspricht seinen wahren Absichten. Versucht ein aggressiv gehemmter Mensch seinen Willen durchzusetzen, so wird er dabei durch eine innere Aufspaltung seiner Energien behindert. Einerseits ist da eine den Willen unterstützende aggressive Kraft, andererseits – aufgrund unverdauter und beängstigender Erfahrungen – eine diesen Willen bekämpfende, ungezügelte aggressive Abwehr. Dadurch, daß sich in diesen Fällen eigene Aggressivität gegen eigene Aggressivität richtet, ergibt sich im Menschen eine Pattstellung seiner Energien, die sich auf den gesamten Organismus auswirkt. Bei einer erlernten »Zähmung« wird diese Pattstellung vermieden, weil dabei die Aggressivität nicht voll abgeblockt, sondern nur reguliert wird. Im Idealfall kann ein Mensch seine Aggressivität optimal dosiert einsetzen, das heißt, er kann das Richtige zum rechten Zeitpunkt tun und dadurch seinen Willen – sich und anderen gegenüber – häufiger durchsetzen.

Menschen mit mangelndem Selbstbewußtsein haben hier ihre Schwäche. Da sie, wie bereits ausgeführt (siehe Kap. 1) zur Depressivität neigen, berichten depressive Patienten stets von inneren fruchtlosen Kämpfen, die oftmals ihren gesamten Körper lahmlegen. So können sich besonders depressive Menschen nicht aufraffen, ihre Pläne umzusetzen und ihre Vorsätze – die ihrem eigentlichen Willen entsprechen – ausführen. Sie sind deshalb weniger belastbar, wenn es darum geht, ein gestecktes Ziel zu erreichen, aber in der Regel belastbarer im Aushalten einer passiven Opferrolle, da sie sich gut hinter ihre Abwehr zurückziehen können. Oft beeindrucken sie durch eine »Härte im Nehmen«.

Für Menschen, die ihr Selbstbewußtsein von sich aus verstärken wollen, ist es ein guter Ansatzpunkt, sich im Umgang mit ihrer Aggressivität zu üben. Da es sich beim Selbstbewußtsein um eine genetisch angelegte Begabung handelt, die wie jede andere Begabung der Übung bedarf, um sich entwickeln zu können, sind Ausdauer und Geduld wichtige Voraussetzungen dafür. Die Ausdauer kann nur dann aufgebracht werden, wenn der Strom der vorhandenen progressiven Energie wenigstens teilweise dosiert eingesetzt werden kann. Ansonsten ist therapeutische Hilfe als stabilisierender Halt von außen nötig.

Oftmals gehen Menschen von der Möglichkeit aus, daß sie sozusagen über Nacht, durch ein besonderes, einmaliges Erlebnis souverän und selbstbewußt – und damit geheilt – werden können. Einen Mangel an Selbstbewußtsein auszugleichen entspricht aber einem Prozeß der eigenen »Entlarvung«, bei dem Verkleidungen und Verstellungen langsam fallengelassen werden müssen. Wird die Abwehr zu schnell abgelegt, so wird der Betreffende in einem Ausmaß nackt und schutzlos dastehen, daß der

Auftritt mißlingen muß; etwa so, als hätte jemand plötzlich beschlossen, Klavierspielen zu lernen, und wollte schon nach einer Woche ein öffentliches Konzert geben.

Ein Mangel an Selbstbewußtsein kann nur im Kontakt und im Verlauf von Auseinandersetzungen mit anderen Menschen ausgeglichen werden. In einem glücklichen Fall kann jemand dabei seine Mitmenschen sozusagen als Therapeuten nutzen. Dies kann aber nur dann geschehen, wenn sie nicht überfordert und nicht ständig in neurotische Beziehungsmuster verstrickt werden. Ansonsten ist ein professioneller Psychotherapeut nötig, dessen Aufgabe es ist, sich eben nicht verstricken zu lassen, und durch dessen Halt sich ein Stück psychischer Nachstrukturierung vollziehen kann. Der Versuch, einen Mangel an Selbstbewußtsein von sich aus aufzuarbeiten, beinhaltet die Bereitschaft, sich immer wieder einem Gegenüber »auszusetzen«. Im Gegensatz zur geschützten Atmosphäre in der Therapie kann dies bedeuten, daß jemand bei seinen mutigen Versuchen in der Öffentlichkeit aus dem Rahmen fällt und dabei nicht aufgefangen wird. Nicht selten stellt sich als Folge von solch frustrierenden Erlebnissen ein verstärktes Abwehrverhalten ein.

Häufig wundern sich Menschen darüber, daß sie nicht in der Lage sind, sich im richtigen Augenblick stimmig zu verhalten. Es ist dann so, als wundere sich jemand, der stets krampfhaft damit beschäftigt war, hochzustapeln, daß er nicht tatsächlich diese von ihm vorgegebene Person ist. Wer eine Scheinpersönlichkeit aufgebaut hat, ist so sehr in eine Rolle eingelebt, daß er zu wenig Gelegenheit hatte, sich selbst kennenzulernen und sich selbst weiterzuentwickeln. Die Rolle, die er spielt, entspricht einem falschen Bild von sich, welches er in seiner Not zu seinem Schutz angefertigt hat. Der Grund für diese Fehlentwicklung liegt immer in einem Mangel an Gelegenheit zur stimmigen emotionalen Auseinandersetzung mit seinem Gegenüber in seiner Lebensgeschichte begründet.

Bis zu einem gewissen Grad müssen wir alle in den unterschiedlichen Situationen des alltäglichen Miteinanders Rollen spielen. Es ist eine gewachsene Konvention, daß wir eben nicht »aus der Rolle fallen«. Entscheidend bei unserem Sozialverhalten ist, inwieweit wir bereit sind, uns zu verstellen, oder ob wir uns ständig unfreiwillig verstellen müssen. Es kann ein großer Vorteil sein, in gewissen Situationen »Theater« zu spielen, es ist aber in jedem Fall eine Behinderung, wenn wir es nicht mehr schaffen, echt zu sein. Dann fühlen wir uns fremdbestimmt und in unserer Willensfreiheit eingeschränkt.

Inwieweit wir als Menschen über einen »freien Willen« verfügen, hängt letztlich davon ab, ob wir uns der eigenen Aggressivität bewußt sind und diese stimmig ausdrücken können. Es besteht eine Parallele zwischen Analität und Aggressivität, die sich auch darin zeigt, daß das Üben von stimmigem aggressiven Fordern als Entwicklungsaufgabe gleichzeitig mit dem körperlichen Sauberkeitstraining stattfindet. Der Vorgang der Stuhlentleerung wird oft als urtümlicher Ausdruck von Aggressivität empfunden. Alle verbalen Ausdrücke, die damit in Zusammenhang stehen, beschreiben auch aggressives Handeln im übertragenen Sinn. Der Mensch vermag seinen Stuhlgang eine gewisse Zeit lang zurückzuhalten und sich so dem gesellschaftlichen Interesse an Sauberkeit, Ordnung und Gehorsam zu beugen. Dies ändert aber nichts an seinem grundsätzlichen körperlichen Bedürfnis, das er nicht ignorieren darf und sozusagen mit Weitsicht verfolgen muß. Überfordert sich ein Mensch in dieser Hinsicht, so wie es meist bei Kindern und Jugendlichen, die »einkoten«, der Fall ist, und hält er seinen Stuhlgang zu lange zurück, so verliert er die Fähigkeit, den Darm nach seinem eigenen Willen zu entleeren. Im übertragenen Sinne geht der aggressive Protest dann in die Hose, und der Betroffene hat sich selbst »beschissen«.

Dieses Bild ist insofern aussagekräftig, als der Mensch Aggressivität auch nur eine gewisse Zeit lang zurückhalten kann, ohne sich im übertragenen Sinn selbst zu »bescheißen«, das heißt ohne sich ausnützen und übervorteilen zu lassen. Menschen mit einem Mangel an Selbstbewußtsein können schlecht bei passender Gelegenheit ihrer Aggressivität freien Lauf lassen. Sie neigen zum übermäßigen Zurückhalten, weil sie den richtigen Augenblick, wenn sie gegendrücken müssen, zuwenig deutlich spüren. Oft versuchen sie hartnäckig, aus ihrer Not eine Tugend zu machen, indem sie, wenn andere schon nicht mehr anders können, es doch noch schaffen. Deshalb sind sie angefüllt mit aufgestauter Aggressivität, derer sie sich nicht mehr nach ihrem Willen entledigen können. Es kommt gelegentlich bei unpassenden Gelegenheiten zu explosionsartigen aggressiven Ausbrüchen, bei denen sie sich trotz ihres eigenen destruktiven Verhaltens machtlos und als Opfer einer Naturgewalt empfinden. Dieses aggressive Potential richtet sich häufig – sozusagen als Implosion – selbstzerstörerisch gegen den betreffenden Menschen selbst. Neben der psychischen Verstimmtheit treten als Folge immer auch körperliche Belastungen auf.

Ein allgemeines Übungsbeispiel

Anhand eines konstruierten Beispiels soll nun dargestellt werden, was es bedeutet, wenn die eigene Aggressivität nicht nach dem eigenen Willen eingesetzt werden kann.

Angenommen, ein Mensch steht im Supermarkt in einer Warteschlange, und es drängelt sich ein anderer vor. Es gibt nun eine Vielzahl möglicher Reaktionen, die Aufschluß über das Ausmaß an Selbstbewußtsein des Betreffenden geben können. Von einem freundlichen: »Ja bitte, gehen Sie nur, ich bin ohnehin nicht in Eile«, bis hin zur Androhung von körperlicher Gewalt sind unterschiedliche Reaktionen vorstellbar. Der Betreffende kann es aber auch einfach übersehen, daß jemand vordrängelt. Das grundlegende Kriterium für die Beurteilung der einzelnen Reaktionen ist die in ihnen enthaltene Stimmigkeit. Es muß ein gewisses Maß an Stimmigkeit zwischen der Reaktion und den eigenen Bedürfnissen bestehen. Läßt ein Mensch wohlwollend einen anderen vor, so ist dies eine Bilderbuchsituation. Ist er aber nur besonders freundlich, weil er sich und den anderen eine Bilderbuchwelt vorgaukeln möchte, ist es ein unstimmiges Verhalten. Er wird spätestens, wenn sich der andere, den er vorgelassen hat, bei ihm bedankt, ein unstimmiges Gefühl spüren und den Dank wahrscheinlich nicht richtig annehmen können.

Übersieht ein Mensch, daß sich jemand vorgedrängt hat, so kann dies ebenfalls eine in sich stimmige Reaktion sein. Der Betreffende ist dann mit einer anderen Sache – wahrscheinlich mit einer positiven – geistig so beschäftigt, daß es ihm unwichtig erscheint. Die gleiche Reaktion kann in schlimmen Fällen allerdings bereits eine die Frustration abwehrende Wahrnehmungsstörung darstellen. In diesem Fall hat der Betreffende, der an einem Mangel an Selbstbewußtsein leidet, kein Problembewußtsein. Er hat sein Leiden möglicherweise auf eine körperliche Ebene verlagert und nimmt beispielsweise seine üblichen Kopfschmerzen verstärkt wahr. Für ihn ist es schwer möglich, sein Selbstbewußtsein von sich aus zu vergrößern.

Eine typische Reaktion eines Menschen, der an einem Mangel an Selbstbewußtsein im herkömmlichen Sinn leidet, ist aber folgende: Wird die Situation wahrgenommen, setzt schlagartig ein diffuses Spannungsgefühl ein. Der Betreffende fühlt sich machtlos, als Opfer und in sich verstrickt. Er ist zögerlich und blickt hilfesuchend um sich. Vielleicht schafft er es, einige Worte des Protests zu stammeln, die in ihrem verbitterten Unterton die depressive Haltung: »Natürlich, immer mir passiert so etwas«, beinhalten.

Genau diese Gruppe von Menschen sollte versuchen, in solchen Situationen den Umgang mit ihrer Aggressivität zu üben. Denn dies ist genau der richtige Augenblick, in dem sie nicht ihre Aggressivität zurückhalten, sondern dezidiert versuchen sollten zu »können«, da sie eigentlich »müssen«. Sie haben an solchen Stellen die Gelegenheit, sich zu »entblößen« und ihre »aggressive Notdurft« zu verrichten.

Um solche Übungssituationen besser wahrnehmen zu können und um ein besseres Gefühl dafür zu bekommen, kann es hilfreich sein, am Ende eines Tages den Tagesablauf vor dem geistigen Auge Revue passieren zu lassen. In dieser Art »Gewissenserforschung« sollte man bewußt nach solchen problematischen Situationen suchen, anstatt sie so schnell wie möglich zu verdrängen. Ein Mensch kann durch nachträgliche Vergegenwärtigung oder auch durch Ausmalen von bevorstehenden Ereignissen deutlich spüren lernen, wo er seine Aggressivität nicht nach seinem Willen einsetzen kann und blockiert ist. Aus diesem bewußten Zulassen des Gefühls der eigenen Wehrlosigkeit werden sich für ihn – paradoxerweise – stimmige Möglichkeiten abzeichnen, diese ein Stück weit zu überwinden.

Der eine oder andere wird in diesem Zusammenhang auch sein Größenselbst besser erkennen können. Sein Abwehrschild, der oft das Bild des Hilflosen und Unfähigen zeigt, enthält zwangsläufig auch ein Größenselbst. Es äußert sich in der mehr oder weniger verborgenen Einstellung, daß er selbst es eigentlich nicht nötig habe, zu kämpfen. Er hat den Anspruch, daß andere dies für ihn erledigen sollen. Oft wird diesen Menschen bewußt, daß sie es »peinlich« finden oder auch unter ihrer Würde, sich an Auseinandersetzungen zu beteiligen. Sie schämen sich sozusagen, sich zu »allzu Menschlichem« herabzulassen. Dies ist ein verborgener Zug der depressiven Abwehr und macht es für den Betreffenden auch nahezu unerträglich, zu erleben, wie ungeschickt und holperig sein Verhalten im Verlauf von Auseinandersetzungen sein kann. Er geht unbewußt davon aus, daß er Siege erringen kann, ohne zu kämpfen, beziehungsweise daß er auch ohne die nötige Übung alles besonders gut und perfekt können muß.

Es sind aber genau diese peinlichen Gefühle, die ausgehalten und angenommen werden müssen. Beginnt ein Mensch sich rechtzeitig zu wehren und läßt niemanden mehr aus falscher Rücksichtnahme vor, so schafft er dadurch in erster Linie eine reale Situation dafür, wirklich mit seinen defizitären Gefühlen in Kontakt zu kommen. Viele Menschen erwarten, daß sie gleich nach dem ersten mutigen Versuch, sich zu wehren, als glanzvolle Sieger dastehen werden. Selbstförderungsversuche, die solche Fehlerwartungen einschließen, sind meist zum Scheitern verurteilt. Es hängt einerseits von der Größe der Begabung zum Selbstbewußtsein, andererseits von der Größe des Übungsdefizits ab, wie schnell in solchen, von sich aus wahrgenommenen »Übungssituationen« eine Befriedigung eintreten kann.

Dieses Üben im Umgang mit der eigenen Aggressivität ist durchaus mit einem Üben auf körperlich-sportlichem

Sektor zu vergleichen. Ein Mensch, der Tennisspielen lernt, muß sich eine Zeit lang gedulden, bis er seinen ersten gut plazierten und gut dosierten Ball schlagen kann. Gelingt ihm dies, so erfährt er dabei ein Gefühl der Befriedigung. Wahrscheinlich weiß er gar nicht so genau, wie diese Stimmigkeit im einzelnen zustande gekommen ist. Er bekommt aber dadurch zunehmend ein Gespür dafür, wie es sein sollte. Er wird vielleicht noch Tausende von Bällen ins Out schießen, wichtig ist aber, daß er eine Zielrichtung bekommen hat, die ihn am stärksten anspornt, immer weiter zu üben.

Ich möchte noch auf zwei weitere mögliche Reaktionen eingehen, die sich im Anschluß auf die oben beschriebene Szene im Supermarkt ereignen können. Kommt es bei einem Menschen in dieser Situation zu einem aggressiven Durchbruch, so ist die Reaktion ebenfalls unstimmig und weist darauf hin, daß dieser Mensch zu diesem Zeitpunkt sozusagen schon randvoll mit zurückgehaltener Aggressivität ist. Mit dem Ausbruch setzt er sie aber nicht nach seinem Willen ein, sondern er wird sich von ihr gleich einem Opfer überfallen fühlen. Möglicherweise wird er sich nach seinem Ausbruch entschuldigen und sich insgeheim vornehmen, sich noch besser unter Kontrolle zu halten. Er wird sich zwar im nachhinein erleichtert fühlen, dies ist aber nicht mit einer Befriedigung zu verwechseln, die aufgrund der fehlenden Stimmigkeit nicht eintreten kann. Auch diese Menschen können sich im Selbstbewußtsein üben. Der wichtigste Punkt für sie aber muß es sein, zu versuchen, viel früher und willentlich anderen gegenüber zu »explodieren«, anstatt zu versuchen, die Explosionen zu unterdrücken. Die Stärke der Explosionen wird dadurch sicherlich abnehmen, und ihre Reaktionen können so zunehmend stimmiger werden.

Die letzte Reaktion, die ich beschreiben möchte, ist die eines sich asozial verhaltenden Menschen (siehe Kap. 7). Frustrationen und Kränkungen stellen für ihn eine besonders gefährliche Bedrohung dar, und er ist deshalb besonders reizbar. Solch ein Mensch wird auch übertrieben aggressiv reagieren, weil er über eine ähnlich niedrige Frustrationstoleranz verfügt wie ein Mensch, der voller Aggressivität ist und zu explodieren droht. Im Unterschied dazu wird die Aggressivität des Asozialen aber eine »kalte« Aggressivität sein, weil der Betreffende mit seiner durchgängigen Abwehrpanzerung nach außen gleichzeitig seine Gefühle vor sich selbst abwehrt. Auch wenn es so aussieht, als setzte dieser Mensch seine Aggressivität nach seinem Willen ein, stellt seine kalte und gefährliche Aggressivität nur seine gewaltige Abwehr dar, die im Augenblick einer Bedrohung durch eine Kränkung automatisch überdimensional verstärkt wird. Solche Menschen haben in der Regel kein Problembewußtsein und sind unfähig, ihr Selbstbewußtsein ohne Hilfe zu vergrößern. Sie haben den Kampf, den sie gegen ihre eigene Natur kämpfen, verdrängt. Ihr Abwehrverhalten besteht oft in einem stereotypen Kampf gegen ihre soziale Umwelt. Innerhalb der Gesellschaft stellen sie sich oft als diejenigen dar, die vorgehen und die sich nicht in einer Warteschlange hinten anstellen. Denn das Warten allein stellt für sie meist schon eine unerträgliche Frustration dar.

Beim Üben im Umgang mit der eigenen Aggressivität ist immer wieder zu bedenken, daß ein Mensch seine Gefühle nie ganz und absolut beherrschen kann. Durch Abblocken versucht er seine Aggressivität zwar »abzustellen«. Tatsächlich kann er sie aber nur zu einem gewissen Ausmaß steuern. Daß ein Abblocken über seine Kräfte geht, zeigt sich an den negativen psychischen und körperlichen Folgeerscheinungen. Sind bereits über längere Zeit Energien blockiert, so kann ebenfalls das Freisetzen dieser Energien über seine Kräfte gehen. Denn nur wer ausreichende Ich-stärke hat und den progressiven Energiestrom dosiert ein-setzen kann, der kann alltägliche Gelegenheiten wahrneh-men und von sich aus seine aggressiven Gehemmtheiten überwinden. Gezieltes Üben ist jedesmal eine Selbstüber-windung und mit einem Sprung ins kalte Wasser vergleich-bar. Erst nach einer gewissen Übungszeit kann eine bele-bende und befreiende Wirkung wahrgenommen werden.

Sein Selbstbewußtsein nachzuentwickeln bedeutet auch, von sich aus immer wieder auf seine Grenzen zuzugehen, entgegen der Angst, von den anderen an die eigenen Gren-zen gebracht zu werden. Dies ist im Prinzip ein verhaltens-therapeutischer Ansatz. Fühlt der Betreffende sich nach einer gewissen Übungszeit aber nicht selbstbewußter, so kann dies ein Zeichen dafür sein, daß im Verlauf der Übungen kein wirklicher Lernprozeß stattgefunden hat. Dies stellt eine generelle Gefahr der verhaltenstherapeuti-schen »Trainingsmethode« dar. Der Betreffende hat sich dann nur vorgemacht zu üben, die Bewußtwerdung seiner Defizite aber durch ein Tieferlegen seiner Abwehrblockade verhindert. Dieses Phänomen kann auch bei anderen Übungsprozessen auftreten. Trotz ausdauernder Übung stellt sich kein echter Lernerfolg ein. Neurotische Schüler können gelegentlich ein Lied davon singen. Sie berichten, daß sie stundenlang lernen, aber nicht wirklich etwas auf-nehmen können. Wird eine solch eingeschliffene Abwehr-tendenz deutlich, sollte ein Therapeut aufgesucht werden, der hilft, mit unterstützender Empathie wirklich an die eigenen Grenzen zu gelangen.

Alle wirklichen Lernprozesse unterstützen jedoch die Vergrößerung des Selbstbewußtseins, einerseits, weil jeder echte Lernprozeß immer an den Vorgang der bewußten Selbstwahrnehmung gekoppelt ist (siehe Kap. 3), andererseits, weil sich die erlernten Fähigkeiten positiv auf die mitmenschlichen Kontakte auswirken. Die Verwirklichung der speziellen Begabung des eigenen Selbstbewußtseins vollzieht sich überwiegend durch Auseinandersetzungen und im Dialog mit den Mitmenschen, da sie eine interpersonelle soziale Fähigkeit ist. Diese zu genießen und im emotionalen Austausch mit anderen Menschen größtmögliche Befriedigung zu erfahren ist Ausdruck eines gut entwickelten Selbstbewußtseins.

Stellt sich nach einer gewissen Übungszeit ein Erfolg ein, so zeigt sich die Vergrößerung des Selbstbewußtseins hauptsächlich an einer zunehmenden Fähigkeit, gelassen bleiben zu können. Durch diesen entspannteren Zustand erhöht sich die eigene Konzentrationsfähigkeit, die eigenen Gefühle können umfassend und bewußt erlebt werden. Dies wiederum führt dazu, daß die den Gefühlen entsprechenden Handlungsimpulse deutlicher wahrgenommen und häufiger umgesetzt werden. Ein positiver Regelkreis entsteht.

Das Üben im familiären Bereich

Der Bereich, in dem es zweifellos am schwierigsten ist, einem positiven Regelkreis zum Durchbruch zu verhelfen, ist die Familie. Hier sind erstarrte Beziehungsmuster am stärksten eingeschliffen, und es bedarf der besonderen Gelassenheit, diese Beziehungen neu zu beleben. Häufig befinden sich erwachsene Personen noch in einem eingespielten Verstrickungsmuster mit ihren einstigen primären Bezugspersonen und können ihre Handlungsimpulse nicht stimmig umsetzen. Nur wenn sich ein gewisses Maß an

Ausgeglichenheit durch Erfahrungen außerhalb der familiären Beziehungen eingestellt hat, kann sich ein Mensch von sich aus rechtzeitig und angemessen gegenüber ihm nahestehenden Personen wehren, um nicht wieder in die für ihn übliche Opferrolle zu geraten. Ein wohldosiertes und deshalb möglichst für den anderen annehmbares »Nein« seinen Eltern beziehungsweise seinen Kindern gegenüber zu äußern zeugt bereits von einem hohen Maß an Gelassenheit. Dieses »Nein« aufrechtzuerhalten, um so den eigenen Willen durchzusetzen, stellt für viele Erwachsene eine persönliche Meisterleistung dar. Gerade der familiäre Bereich ist für erwachsene Menschen, speziell wenn diese eigene Kinder haben, der zentrale Übungsbereich, der nicht ausgeklammert werden darf.

Nicht selten hat sich in Menschen, die in den entscheidenden Phasen in ihren eigenen Bedürfnissen nicht stimmig gespiegelt worden sind, genauso wie in traumatisierten Menschen, als Grundstimmung eine »mörderische Wut« entwickelt. Diese destruktive Energie bewußt und zielgerichtet zu erleben kann meines Erachtens nur innerhalb einer therapeutischen Situation geschehen (siehe H. Davanloo, »Der Schlüssel zum Unbewußten«). Erfolgt der Durchbruch innerhalb der familiären Beziehungen, führt dies immer zu einer Verstärkung der Verstrickung. Innerhalb naher emotionaler Beziehungen kann im Gegensatz zur therapeutischen Situation nur ein geringes Potential an destruktiver Energie abgebaut werden. Der beste Ansatzpunkt, um aus einer neurotischen Verstrickung auszusteigen, ist, im richtigen Moment Standfestigkeit zu zeigen und sich nicht »ausbeuten« (vgl. T. Bauriedl, »Beziehungsanalyse«) zu lassen.

Wie schwierig dies im Einzelfall sein kann, zeigt sich an »Kleinigkeiten«. Eine dreißigjährige Frau schafft es beispielsweise nicht, den verhaßten allsonntäglichen Besuch beim Vater abzusagen. Eine genervte Mutter schafft es nicht, den Fernseher auszuschalten und ihren zwölfjährigen Sohn zu frustrieren. Beide sagen hinterher: »Eigentlich hätte ich müssen; das nächste Mal werde ich aber...« Hier zeigt sich der Sog neurotisch-süchtigen Verhaltens, der besonders in einer Beziehung zu einer emotional nahestehenden Person wirksam ist. Wird dieses süchtige Verhalten innerhalb der Beziehung abgesetzt, kommt es auf einer sehr bewußtseinsnahen Ebene zur Konfrontation mit dem abgewehrten Konflikt, weil in dieser Situation die Deckungsgleichheit mit dem ursprünglich neurotisierenden Konflikt größer ist als beispielsweise bei einer alltäglichen Konfliktsituation im Supermarkt. Denn der abgewehrte Konflikt geht immer auf einen Beziehungskonflikt mit der emotional nahestehenden Bezugsperson, meist auf eine frühe Störung in der Mutter-Kind-Beziehung zurück.

Da ein neurotischer Mensch in seinen nahen Beziehungen besonders gefährdet ist, an seine abgewehrten Konflikte heranzukommen, muß er seine Abwehrhaltung gerade in diesen Beziehungen verstärken. Diese verstärkte Abwehr macht es dann so schwierig, das Verhalten in den familiären oder emotional nahen Beziehungen umzustellen. Selbstbewußte Menschen können sich im Kreise ihrer Lieben am besten entspannen. Neurotische Menschen hingegen verkrampfen sich – bewußt oder unbewußt –, sobald sie mit Menschen zusammen sind, die ihnen besonders nahe stehen.

In meiner therapeutischen Arbeit mit neurotischen Kindern erweist sich die mangelnde Umstellungsfähigkeit der ebenfalls neurotischen Eltern oft als das größte Problem. Zwar sind die Eltern zum Großteil einsichtig und können meist bereits nach wenigen therapeutischen Gesprächen verstandesmäßig die Zusammenhänge zwischen den Problemen ihrer Kinder und ihrem eigenen Verhalten gegenüber den Kindern erkennen. Allein die emotionale Abwehrbarriere ist oftmals zu hoch, die emotionalen blinden Flecken zu groß, als daß der gute Wille umgesetzt werden könnte. Die Eltern werden im Verlauf von problematischen Auseinandersetzungen mit ihren Kindern immer wieder »unbarmherzig« an ihre eigenen Problempunkte gestoßen.

Meiner Meinung nach stellt es heutzutage die größte Herausforderung an einen Menschen dar, sein Selbstbewußtsein nachzuentwickeln, um damit seinen Kindern zu nützen. Dies mag mit einer allgemein steigenden Tendenz zur Perfektionierung, die sich auf allen erdenklichen Gebieten zeigt, zusammenhängen. In einer Zeit der werbewirksamen und plakativen Bilder der »perfekten Mutter« und des »perfekten Vaters« wiegt der Vorwurf besonders schwer, eine nicht ausreichend gute Mutter beziehungsweise ein nicht ausreichend guter Vater zu sein. Die Angst davor kann bei Eltern ein zwiespältiges, die Neurose verstärkendes Verhalten bewirken. Einerseits wird von den Eltern viel unternommen, um den Kindern zu helfen. Es werden viele Fachbücher gelesen und viele unterschiedliche Therapieangebote genutzt. Andrerseits wird oft durch ein geradezu »hyperaktives Verhalten« der Eltern die Bewußtwerdung der eigenen Hilflosigkeit und Wehrlosigkeit verschleiert. Letztendlich ist es aber immer die schmerzliche Selbsterfahrung der eigenen Defizite beziehungsweise die Annahme einer über lange Zeit abgewehrten Frustration, die eine Besserung ermöglicht.

Die folgenden Beispiele sollen veranschaulichen, daß Erwachsene bei der Erziehung ihrer Kinder nicht von sich aus an ihre Grenzen gehen können.

Ein fünfjähriges Mädchen leidet an Trennungsangst. Die Mutter ist durch dieses Verhalten genervt und verunsichert. Sie nimmt sich aber zusammen, denn sie möchte eine gute Mutter sein und keinen Fehler machen. Als die beiden vorstellig werden, beginnt die Tochter die Mutter auf unterschwellige Art und Weise zu tyrannisieren. Sie läßt sich nicht von der Mutter trennen, erscheint dann im Gespräch geradezu als »graue Eminenz«, welche die Mutter immer wieder in ihren Ausführungen verbessert und ihr gegenüber recht behält. Die Mutter ist scheinheilig liebenswürdig zu ihrer Tochter, signalisiert mir aber mit ihren Blicken und Gesten: »Da sehen Sie, wie furchtbar es mit ihr ist, kaum auszuhalten, ich bin machtlos.«

Es wird immer offensichtlicher, daß die Mutter in der Beziehung zu ihrer Tochter nicht an ihre Grenzen gehen kann und die Konfrontation scheut. Sie möchte Hilfe von mir, indem ich ihre Tochter für sie »reparieren« soll, damit sie nicht von dieser weiterhin an ihre Problempunkte gestoßen wird. Es ist hier in erster Linie wichtig, daß die Mutter erkennt, daß das Verhalten der Tochter eine Reaktion auf ihr eigenes Verhalten darstellt.

Warum aber fällt es dieser Mutter so schwer, im richtigen Augenblick selbstbewußt zu ihren Bedürfnissen zu stehen? Sie könnte dem Kind ganz selbstverständlich schon morgens erklären, daß sie abends nicht da sein wird und daß der Vater für sie einspringt. Aber allein schon dieser Vorschlag löste bei der Mutter unangenehme Gefühle aus. Sie hatte es anfänglich überhaupt vermieden, ihre Tochter zu informieren, und sich, nachdem diese eingeschlafen war, aus dem Haus und zu ihrem Französischkurs geschlichen. Als das Kind dies herausfand, mußte sie den Kurs abbrechen, weil es sie nicht mehr fortließ. Von jeher, wenn sich die Mutter von ihrer Tochter trennte, diese wohlbehütet zurückließ, tat sie dies mit einem Gefühl, sie tue etwas »Verbotenes«. Durch die Reaktion der Tochter wurde sie in diesem Gefühl noch bestätigt. Der Ursprung des beklemmenden Gefühls befand sich aber nicht in ihrer Beziehung zur Tochter, sondern ging auf ihre eigene Mutterbeziehung zurück. Als sie über ihre Kindheit erzählte, stellte sich heraus, daß sie etwa als Zehnjährige lieber Verabredungen mit ihren Freundinnen absagte, als ihre depressive Mutter alleinzulassen. Später als Jugendliche machte ihr die Mutter oft Vorwürfe, daß sie lieber mit anderen ihre Zeit verbringe und sie zu oft alleinlasse. Als sie jung verheiratet war, lernte sie das ihr vertraute Beziehungsmuster von der anderen Seite kennen. Schnell fühlte sie sich von ihrem Mann vernachlässigt und alleingelassen. Nun war sie auf dem besten Weg, ihre immer noch ungelöste Mutterproblematik in der Beziehung zu ihrer Tochter neu zu beleben. Durch ihr Verhalten brachte sie nämlich ihre erst fünfjährige Tochter dazu, die Rolle ihrer Mutter zu übernehmen, sie nicht fortzulassen und ihr Schuldgefühle aufzudrängen. In dieser Konstellation konnte aber das Problem der Mutter nicht gelöst werden. Die Mutter mußte auf einer anderen Ebene, mit therapeutischer Hilfe und auch in der Beziehung zu ihrer noch jungen Mutter lernen, für ihre Autonomie zu kämpfen und dabei an ihre Grenzen zu gehen. Sie stieß dabei auf abgewehrte geradezu »mörderische Wutgefühle« gegenüber ihrer Mutter. Dadurch, daß sie in ihrer Therapie diese Gefühle im richtigen Zusammenhang bewußt erleben konnte, konnten diese sich verändern, und es bestand nicht mehr die Gefahr, sie auf ihre Tochter zu projizieren. Die deckungsgleichen Situationen verloren ihre Wirkung, und fortan schaltete sich nicht mehr stereotyp der unbewältigte Konflikt ein. Die Mutter konnte jetzt spüren, daß die Situation eine andere war. Wie in vielen Fällen wurde auch hier durch einen Elternteil versucht, in der Beziehung zum Kind eine eigene noch bestehende Elternproblematik zu lösen (vgl. H.-E. Richter, »Eltern, Kind und Neurose«).

Eine andere Mutter, die ähnlich von unbewußten Beweggründen geleitet wird, beklagt, daß sie sich gegenüber ihrer elfjährigen Tochter komplett machtlos fühle. Schon morgens, wenn sie diese aufwecke, beginne sie sie aufs wüsteste zu beschimpfen und gelegentlich auch mit Gegenständen nach ihr zu werfen. Mittags fürchte sie sich schon vor dem Moment, wenn die Tochter von der Schule nach Hause komme. Sie fühle sich niedergeschlagen und verunsichert. Wenn sie gegen ihre Tochter aufbegehre, flippe diese vollends aus und mache ihr Vorwürfe, daß sie sie nicht richtig liebe, und gelegentlich drohe sie sogar mit Selbstmord. Daraufhin versuche die Mutter ihre Tochter verzweifelt zu trösten, indem sie ihr beteure, wie sehr sie sie doch liebe. Aber nie habe sie wirklich das Gefühl, damit bei ihrer Tochter anzukommen.

Auch hier ist es nötig, daß die Mutter erkennt, daß letztendlich sie es ist, die sich zurückzieht und ihrem Kind gegenüber verschließt. Der Grund dafür ist ihr eigener abgewehrter psychischer Konflikt, der es ihr unmöglich macht, die Frustration zu ertragen, bei einem geliebten Menschen nicht anzukommen. Sie selbst konnte es nämlich als Kind nicht annehmen, von der Mutter zurückgewiesen zu werden. Vermutlich konnte die Mutter nicht ausreichend auf sie »eingehen« und ihr damit helfen, Frustrationen anzunehmen und zu verdauen. Also hatte sie eher gelernt, Frustrationen abzuwehren, als diese zu integrieren. Sie tat dies, indem sie früh begann, ihre aggressiven Wünsche der Mutter gegenüber vor sich selbst zu verleugnen. Sie zeigte zunehmend ein falsches Bild von sich selbst als liebe, verständnisvolle und bedürfnislose Frau. Daß dies nicht ihrer wirklichen Natur entsprach, zeigte sich daran, daß für sie jeglicher Umgang mit Aggressivität etwas außerordentlich Bedrohliches hatte. Sie konnte schlecht fordern und sich abgrenzen, also schlecht selbst Frustrationen setzen. Wurde sie frustriert, so verstärkte sie automatisch ihre Abwehr und gab sich noch verständnisvoller. Bei der Erziehung ihrer Tochter versuchte sie nun unbewußt abwehrend alles zu vermeiden, was sie in eine annähernd deckungsgleiche Situation zu bringen drohte. Deshalb war sie von jeher eine krampfhaft liebevolle, überbesorgte und verständnisvolle Mutter. Sie wollte um jeden Preis verhindern, daß sie von ihrer Tochter, wie damals von ihrer Mutter, zurückgewiesen wurde. In neurotischen Beziehungen wird aber geradezu zwangsläufig die Situation konstelliert, die es abzuwehren gilt. Das heißt, die Mutter provozierte mit ihrem hartnäckigen Abwehrverhalten die Ablehnung ihrer Tochter. Die geheime Größenphantasie der Mutter, daß sie eine bessere Mutter als ihre eigene Mutter sei, wurde ebenso von der Tochter auf das heftigste attackiert. Diese verstand sich besonders gut mit der Großmutter und gab der Mutter zu verstehen, daß sie lieber diese zur Mutter hätte.

Der Ansatzpunkt dafür, die entgleiste Beziehung zwischen Mutter und Kind stimmiger zu gestalten, liegt in diesem Fall ebenfalls bei der Mutter. Kann sie es zulassen, daß sie ein »allgemeines« Problem hat, das sich nur aufgrund der hohen Deckungsgleichheit besonders stark in der Beziehung zu ihrem Kind konstelliert hat, wird sie auch versuchen, das Problem auf einer allgemeineren Ebene zu lösen. Es bringt meist schon eine Entlastung in der Mutter-Kind-Beziehung, wenn die Mutter aufgrund einer »Gewissenserforschung« erkennen kann, daß sie eigentlich in jeder Beziehung unter ihrer aggressiven Hemmung leidet. Gelegentlich ist dies außerordentlich schwierig, weil der Schein gewaltig trügen kann. Kann sie es dennoch bewerkstelligen, so führt dies dazu, daß die Problematik nicht mehr so hochkonzentriert in der Mutter-Kind-Beziehung gelebt oder das Kind zum Sündenbock (Symptomträger) gemacht wird. Die Mutter kann in anderen Beziehungen, beispielsweise in der zu ihrem Mann, zu anderen Familienmitgliedern, zu ihren Freundinnen und Bekannten, zu Arbeitskollegen oder auch im Supermarkt versuchen, ihr Selbstbewußtsein zu vergrößern. Aufgrund ihres Problembewußtseins kann sie auch psychotherapeutische Hilfe suchen. Sie muß in jedem Fall außerhalb der problematischen Beziehung zu ihrem Kind zu mehr Gelassenheit finden, um die Voraussetzung zu schaffen, daß sie die Mutterrolle besser wahrnehmen kann. Je nach Alter des Kindes kann sie auch mit diesem über ihre eigene Problematik sprechen. Gelingt die Umstellung der Mutter nicht, so wird die Mutter-Kind-Beziehung aufgrund der übermäßigen Gebundenheit der Mutter an einen eigenen Elternteil den Charakter einer Beziehung zweier sich streitender und bekämpfender Kinder annehmen.

Die Aufgabe, ihr Kind mit anstehenden Frustrationen so zu füttern, daß diese auch angenommen werden können, konnte von den oben beschriebenen Müttern nicht bewältigt werden. Wichtig ist es, in diesem Zusammenhang zu erkennen, daß es für Erwachsene unmöglich ist, von Kindern erfolgreich zu mehr Selbstbewußtsein erzogen zu werden. Die gelegentlich unbewußt vorhandene Erwartungshaltung der Eltern an die Kinder, von diesen mit Frustrationen gefüttert zu werden, stellt immer eine neurotisierende Überforderung der Kinder dar.

Die Fähigkeit, Frustrationen von sich aus weitgehend zu integrieren und dabei den eigenen aggressiven Bedürfnissen treu zu bleiben, ist die Grundlage dafür, überhaupt erziehen zu können. Es ist nämlich genau diese Fähigkeit, die Kinder entwickeln müssen, um selbstbewußt zu werden.

Müssen in Beziehungen zu Kindern vom Erwachsenen Frustrationen übermäßig abgewehrt, das heißt vermieden, ignoriert oder gar in Verbindung mit Racheaktionen bekämpft werden, so übernehmen Kinder diese Abwehrmechanismen in der einen oder anderen Form. Kinder sind aufgrund ihrer »unfertigeren« Entwicklung ihrer psychischen Strukturen, ähnlich wie Erwachsene, die an einem Mangel an Selbstbewußtsein leiden, leichter verführbar und leichter zu beeinflussen, als es selbstbewußte erwachsene Menschen sind.

Das beste Umfeld für Versuche, von sich aus das Selbstbewußtsein zu stärken, ist die Gesellschaft selbstbewußter Menschen. Menschen, denen ihr Problem bewußt ist, sind auch meist in der Lage, diese selbstbewußten Menschen zu erkennen. Sie meiden aber oft deren Gesellschaft, weil sie fürchten, daß ihr Mangel aufgedeckt wird. Deshalb liegt es für sie nahe, sich mit jemandem zusammenzutun, der »schwächer« ist und noch weniger durchsetzungsfähig. Häufig sind die »Schwächeren« Kinder, die dann bewußt oder unbewußt dazu mißbraucht werden, das Größenselbst und damit die Abwehr eines Menschen mit einem Mangel an Selbstbewußtsein zu stützen.

Grundsätzlich ist nochmals zu betonen, daß niemand einen anderen zum Selbstbewußtsein erziehen kann, wenn er selbst in eine Beziehung der übermäßigen Abhängigkeit verstrickt ist. Kinder können deshalb grundsätzlich nicht ihre Eltern, aber auch manchmal Eltern nicht ihre Kinder erziehen. Der eigene Mangel an Selbstbewußtsein muß vorerst in Beziehungen, in denen nicht das Muster der neurotischen Verstrickung eingeschliffen ist, wenigstens teilweise überwunden werden. Als ideales Beispiel ist die therapeutische Beziehung zu nennen (siehe Kap. 9). Im Anschluß muß aber gerade innerhalb der nahen Beziehungen geübt werden, das Gelernte umzusetzen. Vor allem in den gefühlsbeladenen Beziehungen zu den Kindern, aber auch zu Eltern, zum Ehemann, zum Partner und in anderen wichtigen emotional nahen Beziehungen zeigt es sich nämlich, wie gut die Nachentwicklung des eigenen Selbstbewußtseins wirklich gelungen ist.

KAPITEL 9

Wie wirkt Psychotherapie?

Abgewehrte Gefühle werden bewußt gemacht

Da es letztlich das Abwehrverhalten ist, das bei einer psychischen Störung zum Dauerstreß, zum »Leiden« oder zu einer körperlichen Symptomatik führt, versucht Psychotherapie das Abwehrverhalten zu unterbrechen und abzutragen. Menschen, die sich in psychotherapeutische Behandlung begeben, können das nicht von sich aus bewerkstelligen, weil sie entweder gar nicht wissen, welches Verhalten bei ihnen Abwehrverhalten ist, oder wenn sie es wissen – wie etwa bei Suchtverhalten –, schaffen sie es nicht, dies aufzugeben. Wird die Abwehr gelockert, das Abwehrverhalten unterbunden, stellt das Erleben der abgewehrten Gefühle eine Selbsterfahrung dar, die der Betreffende nicht allein bewältigen kann.

Im Gegensatz zu nicht-therapeutischen Selbsterfahrungsangeboten ist Psychotherapie eine gezielte Maßnahme, um die Voraussetzung dafür zu schaffen, daß sich jemand weitgehend stimmig selbst erfahren kann, ohne dabei in eine ernsthafte emotionale Krise zu geraten. Im Rahmen allgemeiner Selbsterfahrungsveranstaltungen kann bei psychisch labilen Menschen ein Durchbruch abgewehrter Gefühle ausgelöst werden, die jedoch nicht verar-

beitet werden können und so zu verstärktem Abwehrverhalten führen. Es ist dann so, als habe sich jemand, der
eine alte, verschorfte, nicht richtig verheilte Wunde am
Fuß hat, einer Wandergruppe angeschlossen und eine große Tour gemacht.

Im übertragenen Sinn versucht die Psychotherapie alte,
nicht verheilte Verletzungen unter dem Schorf aufzudecken
und den Heilungsprozeß zu unterstützen. Der alte Schorf
soll abgetragen und eine Neubildung verhindert werden.
Die Verletzung kann auf ein unbewältigtes traumatisches
Erlebnis oder auf einen über lange Zeit erlebten frustrierenden Mangel an stimmigem Verständnis zurückgehen.

Der Kontakt mit den abgewehrten Gefühlen – die die
Verletzung beinhalten – ist immer bedrohlich und unange-
nehm, weil er den Patienten in Lebenssituationen zurück-
versetzt, in denen er überfordert war. Die Aufgabe eines
Psychotherapeuten ist es einerseits, die im Patienten »gespeicherten« Überforderungen aufzudecken, andererseits
ihn empathisch so zu stützen, daß er fähig wird, Gefühle,
die ihn damals überfordert haben, nun auszuhalten. Es ist
das bewußte Erleben der verdrängten Gefühle, das den
Heilungsprozeß in Gang bringt.

Es gibt eine Vielzahl von Verfahren in der Psychotherapie, da man auf unterschiedliche Art und Weise an
verdrängte Gefühle herankommen kann. Bei den körperbe-
zogenen Psychotherapien geschieht dies durch die stimmige körperliche Berührung oder Anleitungen, gewisse
stimmige Körperhaltungen einzunehmen. In der Musik-
therapie beispielsweise wird der Abbau von emotionalen
Blockaden durch die Berührung mit Hilfe eines Klangs,
eines Tons oder eines Rhythmus versucht.

Ein Patient kann auch vom Therapeuten – wie in einer
Kunsttherapie oder im Psychodrama – dazu angeleitet

werden, sich selbst auszudrücken, um diese individuellen Ausdrücke auf sich rückwirken zu lassen. Die Initiative kann auch von einem Symbol ausgehen, beispielsweise von einem Bild oder von einem szenischen Gleichnis, das der Therapeut anbietet und das auf den Patienten wirken soll. Wichtig dabei ist, ob der Patient sich dadurch hinter seiner Abwehr betroffen fühlt und ob ihm anschließend ausreichend geholfen wird, die ausgelösten Gefühle zu bewältigen und zu verinnerlichen.

Ferner kann der Schwerpunkt bei einer psychotherapeutischen Behandlung unterschiedlich stark auf dem Aufdecken einer Problematik oder auf Strategien zu deren Bewältigung liegen. Bei der Verhaltenstherapie etwa oder bei einer Gesprächstherapie kommt letzterem eine größere Bedeutung zu als bei analytisch oder tiefenpsychologisch fundierten Therapieverfahren. Bei diesen stehen das Problemverständnis und der Prozeß der Aufdeckung im Vordergrund. Letztlich müssen bei einer guten Psychotherapie aber immer beide therapeutischen Elemente – Aufdecken und Stützen – integriert sein. Für das Aufdecken einer unbewußten Problematik kann es auch hilfreich sein, wenn sich innerhalb einer Gruppe die verdrängte Konfliktsituation des Patienten konstelliert. In der therapeutischen Gruppenarbeit, aber auch bei familientherapeutischen Behandlungsmethoden können auf diese Weise neurotische Beziehungsmuster zu seinen Mitmenschen deutlich gemacht werden.

Inwieweit es aber ein Patient ertragen kann, daß seine Problematik aufgedeckt wird, hängt von der Schwere der Störung ab. So kann etwa für einen Patienten, der unter seiner neurotischen Abwehr psychotische Abwehr gespeichert hat, der dargebotene Halt in einer ambulanten therapeutischen Situation nicht ausreichend sein. Er braucht dann als verstärkt haltende Umgebung eine stationäre Psychotherapie und in Phasen, in denen seine Abwehr verstärkt auftritt, auch Halt in körperlicher Hinsicht (siehe Kapitel 6).

Psychotherapie ist im wesentlichen ein Vorgang, bei dem ein Therapeut für einen Patienten eine haltende Umgebung schafft. Die haltende Funktion des Therapeuten ergibt sich einerseits, indem er den Patienten zurückhält, das heißt, er hält ihn davon ab, in seinem Abwehrverhalten fortzufahren. Dadurch wird die Problematik aufgedeckt. Andererseits hält der Therapeut mit dem Patienten gemeinsam Gefühle aus, das wiederum entspricht einem Halten im Sinne von stützen. Oft wird der Patient im wahrsten Sinne des Wortes »ungehalten«, wenn er die abgewehrten Gefühle zu spüren beginnt. Dadurch aber, daß er mit Hilfe des Therapeuten seine eigene innere Haltlosigkeit bewußt erleben und aushalten kann, wird er fähig, in sich selbst Halt zu finden. Der Therapeut muß bei diesem Zurückhalten oder Aufdecken allerdings stets darauf achten, daß er den Patienten nicht überfordert, ihm nicht etwa zusätzlich eine psychische Verletzung zufügt. Durch das Aufdecken von unbewältigten Konflikten übt er auf den Patienten ein gewisses Maß an psychischem Druck aus, der dem Druck, den sich der Betroffene selbst mit seinem Abwehrverhalten macht, angemessen sein muß. Speziell bei einer ambulanten psychotherapeutischen Behandlung ergibt sich für den Therapeuten die Situation, daß er sich mit dem Patienten auf eine gemeinsame emotionale Gratwanderung einlassen muß, um zu erspüren, wie weit er mit ihm – seinem psychischen Zustand gemäß – gehen kann. Was es bedeutet, einen Patienten stimmig zurückzuhalten, kann vielleicht am ehesten beschrieben werden, indem man Psychotherapie mit einer heilenden Körpermassage vergleicht.

Bei einer Massage können die körperlichen Schmerzen nur durch eine stimmig dosierte Behandlung gelindert werden. Ist sie zu leicht und zu oberflächlich, wird sie keine Besserung bewirken. Ist sie zu stark, wird sie zusätzlichen Schaden anrichten, weil der Patient sich noch mehr verkrampfen und so seine Abwehr verstärken wird. Es liegt am Einfühlungsvermögen des Masseurs, wie weit er stimmig Druck abnehmen und dadurch dem Patienten zu einer Besserung verhelfen kann.

Analog dazu muß der Psychotherapeut erspüren, wieviel psychischen Druck der Patient aushalten kann. Handelt es sich um eine starke Abwehr, ist beim Aufdecken zu beachten, daß der Patient besonders viel äußeren Halt braucht, das heißt, daß die besonders starken aggressiven Gefühle des Patienten vom Therapeuten auch wirklich ausgehalten werden müssen.

Eine Massage kann als »Fütterung« mit abgewehrten körperlichen Schmerzen betrachtet werden. Im Vergleich dazu ist Psychotherapie als eine »Fütterung« mit abgewehrter, schmerzlich frustrierender Realität zu sehen. In beiden Fällen werden durch therapeutischen Halt oder stimmigen Gegendruck verdrängte Gefühle reaktiviert, die vom Patienten bewußt wahrgenommen und verdaut werden müssen. Nur so kann es – auf körperlicher und auf psychischer Ebene – zum Abbau von Abwehrblockaden kommen.

Die psychoanalytische Methode

Diese psychotherapeutische Behandlungsmethode wird oft zu Unrecht – wie die von ihr abgeleiteten Therapieverfahren – als ausschließliche »Kopfarbeit« betrachtet. Zwar wird im Verlauf der Therapie eine Menge verstandesmäßig gearbeitet und viel über Probleme gesprochen, doch es ist letztlich nicht die verstandesmäßige Einsicht, die eine Besserung bewirkt. Sie führt lediglich zu einem Problembewußtsein, das für die Motivation des Patienten und das Zustandekommen des therapeutischen Arbeitsbündnisses eine günstige Voraussetzung darstellt. Bleibt es aber bei einer nur verstandesmäßigen Einsicht in Probleme, ist die Therapie nicht wirklich erfolgreich, da die unbewußten Konflikte nicht »durchgearbeitet« werden. Dies geschieht nur, wenn der Therapeut dem Patienten die Realität dermaßen stimmig zu »deuten« vermag, daß er sie nicht nur versteht, sondern sich gefühlsmäßig betroffen fühlt. Anhand der »Deutung« kommt der Sprache beziehungsweise dem Wort in dieser Therapieform eine zentrale Bedeutung zu, aber es geht – wie Sigmund Freud es einmal bezeichnete (»Schriften zur Behandlungstechnik«, S. 26) – in diesem Zusammenhang um eine »magische« Wirkung des Wortes. Nur wenn diese sich entfalten kann, führt sie zu einem emotionalen »Aha-Erlebnis« beim Patienten, und sein Unbewußtes erschließt sich ihm ein Stück weit. Obwohl das Analysieren aufgrund von verstandesmäßigen Erkenntnissen eingesetzt wird (Analysieren kommt aus dem Griechischen, heißt in seiner urspünglichen Bedeutung »auflösen« und bezieht sich hier auf das Auflösen von Abwehrblockaden), ist es in erster Linie Gefühlssache und erfordert eine ausgereifte emotionale Haltung des Therapeuten. So müssen die Abwehrblockaden, die der Patient zwischen seinen Gefühlen und seinem Bewußtsein errichtet hat, innerhalb der therapeutischen Beziehung »aufgespürt« werden. Danach wird der Therapeut zwar auch nach seinem verstandesmäßigen Wissen mit diesen Abwehrblockaden umgehen, die Feinfühligkeit des Therapeuten, seine Fähigkeit den richtigen Ton zu treffen, spielen aber für die Wirksamkeit der Therapie die zentrale Rolle.

Zu Beginn einer psychotherapeutischen Behandlung berichtet der Patient über seine Probleme, er beschreibt seine Symptome, gegebenenfalls auch seine Träume und seine Phantasien. Immer besteht aber neben dieser verstandesmäßigen Ebene, zu der auch die Beurteilung der Körpersprache gehört, für den Therapeuten noch eine andere komplexe Ebene, um an Informationen über den Patienten zu kommen. Dadurch nämlich, daß er den Patienten auf sich wirken läßt, gewinnt der Therapeut einen emotionalen Eindruck von seinem Patienten. Dieser Eindruck wird in der Fachsprache als »Gegenübertragung« bezeichnet und umfaßt atmosphärische Wahrnehmungen und gefühlsmäßige Impulse, die beim Therapeuten durch den Patienten ausgelöst werden. Normalerweise sind Therapeuten ausreichend geschult, um sich selbst sozusagen als Instrument einzusetzen, damit sich die emotionale Befindlichkeit des Patienten möglichst vollständig im Therapeuten abbilden kann. Es ist im wesentlichen diese »Gegenübertragung«, von der die analytische Arbeit des Therapeuten ihren Ausgang nimmt.

Es kann sich beispielsweise in den ersten Behandlungsstunden durch die Ausführungen des Patienten schwerpunktmäßig der Konflikt herauskristallisieren, daß dieser sich als überaus tüchtig empfindet, aber niemand es so recht zur Kenntnis nehmen will. Dann ist es für den Therapeuten wichtig, seine »Gegenübertragung« gerade auf diesen Punkt hin zu überprüfen. So versucht der Therapeut, das Problem des Patienten innerhalb der therapeutischen Beziehung zu finden, um es bearbeiten zu können. Es geschieht zwangsläufig, daß der Patient innerhalb der therapeutischen Beziehung – so wie in allen anderen Beziehungen auch – seinen Konflikt konstelliert. Dies bewirkt die »Übertragung« des Patienten, die das Gegenstück zur »Gegenübertragung« des Therapeuten darstellt. Sie ist Teil des Abwehrverhaltens des Patienten und besteht hauptsächlich aus dessen »unechten« Wünschen an den Therapeuten. Es sind neurotisch-süchtige Wünsche, bei deren Erfüllung es zu keiner wirklichen Befriedigung kommt. Im Falle des überaus »tüchtigen« Patienten wäre dies der Wunsch, daß der Therapeut ihn in seiner vermeintlich großen Tüchtigkeit vollends anerkennt. Dafür wird sich der Patient vielleicht enorm anstrengen. Er wird bemüht sein, eifrig das zu erzählen, von dem er denkt, daß der Therapeut es von ihm hören will. Möglicherweise wird er den Therapeuten oder die Therapie loben und in seiner Freizeit psychologische Bücher lesen. Beim Therapeuten in der »Gegenübertragung« wird aber schließlich der Eindruck entstehen, daß die Tüchtigkeit des Patienten nicht echt, die ganze Sache aufgesetzt ist, um die Konfrontation mit einer Frustration abzuwehren. Er gewinnt den Eindruck, daß der Patient sich ganz so benimmt, als könne er es nicht ertragen, als untüchtig bezeichnet zu werden. Trotzdem werden im Therapeuten – da sich ja der Konflikt des Patienten in ihm abzeichnet – gegenläufige Impulse entstehen. Er wird einerseits den Drang verspüren, dem Patienten die Wahrheit zu sagen, andererseits den Patienten als tüchtig zu loben und ihn mit einem Zuviel an Anerkennung zu beschwichtigen. So wird im Therapeuten selbst durch diese gegenläufigen Impulse ein Konflikt entstehen, wobei der Drang, den Patienten zu schonen, überwiegen wird. Diese konflikthafte »Gegenübertragung« oder Einstellung ist auch genau das, was der Patient außerhalb der Therapie in seinem täglichen Leben bei seinen Mitmenschen auslöst. Dadurch sind die Beziehungen zu seinen Mitmenschen gestört.

Wie außerhalb der Therapie ist dieser Patient auch innerhalb der Therapie verstellt, indem er enorm tüchtig und freundlich ist. Anerkennung, die er dafür erntet, befriedigt ihn aber nicht. Er kann sie nicht annehmen, weil er eben verstellt ist. Ebensowenig erreichen ihn gelegentliche Vorwürfe bezüglich seines Übereifers. Würde der Therapeut seinen überwiegenden Impulsen nachgeben und den Patienten besondere Anerkennung geben beziehungsweise ihm Übereifer vorwerfen, so verhielte er sich nicht therapeutisch. Er ließe sich dann in die neurotische Abwehr des Patienten verstricken und wäre – im Fachjargon gesprochen – in die »Gegenübertragungsfalle« getappt.

Die therapeutische Arbeit besteht nun aber gerade darin, die konflikthafte »Gegenübertragung« zu überwinden. Eine korrigierende Erfahrung kann beim Patienten nur dann ausgelöst werden, wenn sich der Therapeut nicht – wie die Mitmenschen des Patienten – durch die Abwehr täuschen oder verstricken läßt. Der analytische Therapeut soll weder loben noch beschwichtigen noch verurteilen, sondern herausfinden, was der Patient wirklich will, und ihm dies übersetzen (Freud, »Schriften zur Behandlungstechnik«). Dadurch entsteht eine emotionale Spannung innerhalb der therapeutischen Beziehung, die von beiden, dem Therapeuten und dem Patienten, ausgehalten werden muß. Diese Spannung bereitet einen Zugang zum tieferliegenden unbewußten Konflikt des Patienten vor.

Neben der falschen Erwartung an den Therapeuten, der »Übertragung«, besteht beim Patienten – mehr oder minder bewußt – noch eine andere Erwartung, nämlich die, entlarvt, gefunden und verstanden zu werden. In gewissem Sinne »giert« er nach der Wahrheit, die in einer stimmigen Spiegelung besteht. Die Erwartungshaltung des Patienten an den Therapeuten ist also stets gespalten. Einerseits will er erkannt werden, andererseits will er sich weiter verstellen. »Wasch mich, aber mach mich nicht naß«, so lautet die paradoxe Aufforderung des Patienten, die in der Fachsprache als sogenannte »double bind«-Erwartungshaltung beschrieben wird. Im Grunde genommen verhält sich der Patient wie die Märchenfigur der »verzauberten Prinzessin«, die das Paradebeispiel für eine schwere Neurotikerin ist. Ein Teil ihrer gespaltenen Erwartungshaltung besteht darin, daß sie erlöst wird. Der andere, dem widersprechende Teil möchte, daß ihre Freier das schwere Rätsel doch nicht lösen können und ihr falsches Größenselbst, ihre Abwehr, bestehen bleiben kann.

Gerät der Therapeut in die »Gegenübertragungsfalle« und erfüllt die falschen Erwartungen, so kann der Patient nicht »erlöst« werden. Der unbewußte Konflikt im Patienten, der aus seinen Wünschen nach Halt, Anerkennung und Nähe und der unverdauten Frustration besteht, kann nicht aufgedeckt und verarbeitet werden.

Ist also im Rahmen der therapeutischen Behandlung der Zeitpunkt gekommen, an dem der Therapeut anhand seiner Gegenübertragung den neurotischen Konflikt des Patienten in sich selbst spüren kann, heißt dies, daß der neurotische Konflikt des Patienten in seiner Beziehung zum Therapeuten auftauchen konnte. Das Hauptproblem des Patienten hat nun wirklich Eingang in die Therapie gefunden und wird nicht nur anhand von Schilderungen des Patienten – sozusagen von außen – betrachtet. Nur wenn dieser Zustand eingetreten ist, ist der Therapeut in der Lage, dem Patienten eine korrigierende Erfahrung zu ermöglichen. Dazu ist es nötig, daß sich der Therapeut dem Patienten gegenüber bewußt anders verhält als die Mehrzahl der Menschen, mit denen der Patient außerhalb der Therapie in Beziehung steht. Der Therapeut muß nun seine »Gegenübertragung«, die durch die unechten Wünsche des Patienten ausgelöst wird, überwinden und anhand seiner empathischen Fähigkeiten versuchen, die echten Wünsche und das damit verbundene Leiden des Patienten möglichst stimmig zu erfühlen.

Im Falle des »tüchtigen« Patienten wird der Therapeut ihn als einen spiegeln, der sich enorm anstrengt, aber trotzdem bei ihm nicht erreicht, was ihn befriedigt. Um Zugang zu verdrängten schmerzlichen Gefühlen des Patienten zu bekommen, spiegelt der Therapeut ihn in erster Linie als Opfer. Es ist wichtig, daß dies innerhalb der therapeutischen Beziehung geschieht. Dadurch, daß der Therapeut dem Patienten die Annerkennung seiner »Tüchtigkeit« verweigert, wird er für den Patienten zu einem Täter, also zu einem, der ihn frustriert. Dadurch, daß er ihn mitfühlend frustriert, bleibt er aber auch gleichzeitig jemand, der ihn trösten kann. Hier ergibt sich eine Parallele zur elterlich erzieherischen Situation, in der Eltern oftmals ihre Kinder frustrieren und ihnen gleichzeitig Trost spenden müssen. Kann der Therapeut mit seiner Empathie, seinem Mitleiden, den Patienten erreichen, so wird dieser sich bewußt als Opfer fühlen. Das heißt, die durch Abwehr unter Verschluß gehaltenen schmerzlichen und demütigenden Gefühle der Bedürftigkeit können vom Patienten erlebt und ausgehalten werden. Sie können deshalb ausgehalten werden, weil der Therapeut mit ihm diese Gefühle teilt. Dadurch kann der Patient eine abgewehrte Frustration verdauen und sich abfinden. Angeregt durch diese Situation können beispielsweise Frustrationen »hochkommen«, die im Kindesalter als gravierend ungerecht empfunden wurden und anhand der Deckungsgleichheit in der Therapie angenommen werden. So werden über lange Zeit abgewehrte Frustrationen durch bewußtes Erleben des

Schmerzes im nachhinein verdaut. Dadurch kommt es beim Patienten zu einem Zuwachs an Selbstbewußtsein und zu einer psychischen Nachstrukturierung. Er hat dann durch den vom Therapeuten gegebenen äußeren Halt zu einem inneren Halt in sich selbst gefunden. Er muß sich nicht mehr länger etwas vormachen und dabei in seiner Selbstunsicherheit versuchen, seine Umwelt dazu zu bringen, ihn in seinen falschen Vorstellungen zu stützen. Er wird in seinen Vorstellungen über seine Zukunft offener werden und nicht länger fanatisch an die Erfüllung seiner falschen Vorstellungen gebunden sein.

Das »Durcharbeiten« von Konflikten gestaltet sich hauptsächlich deshalb so schwierig, weil viele Patienten, wenn sie als Opfer gespiegelt werden – also Mitgefühl bekommen –, mit heftigem aggressiven Widerstand reagieren. Aber es kann sich auch schon im Vorfeld in einem plötzlichen Desinteresse an der Therapie äußern, wenn beispielsweise vom Patienten die Termine plötzlich nicht mehr wahrgenommen werden können. Oft werden Patienten aber auch, wenn in den Therapiestunden konflikthafte emotionale Bereiche erreicht werden, plötzlich von einer bleiernen Müdigkeit überfallen. Verhält sich der Therapeut dann weiterhin spiegelnd konfrontativ und dadurch haltend, so erfolgt eine deutlich aggressive Reaktion des Patienten. Je nachdem, wie bedrohlich die abgewehrten Gefühle für den Patienten sind, wie gravierend die abgewehrte Kränkung war, wird der Patient oftmals eine geradezu »mörderische Wut« an den Tag legen. Diese blinde Wut, die sich unbewußt gegen eine frühere Bezugsperson richtet, wird deshalb vom Therapeuten im Patienten belebt, weil er nahe an dessen wunden Punkt herangerückt ist. Sie bewußt zu erleben ist für den Patienten äußerst wichtig, weil sie immer die letzte Bastion gegen das Annehmen des Schmerzes darstellt. Verharrt er in seiner Wut und kann nicht mit Hilfe der Empathie des Therapeuten zu seinem Schmerz durchdringen, so ist der Durchbruch zum Verdrängten nicht erfolgt, und der Patient wird sich nicht wirklich befreit fühlen. Eine von Davanloo entwickelte Kurzzeittherapiemethode zielt speziell auf dieses bewußte Erleben der »mörderischen Wut« des Patienten ab. Indem die mörderischen Impulse mit Hilfe des haltenden Therapeuten ausreichend bewußt zugelassen werden können, wird der Patient zu seinem dahinterliegenden Schmerz geführt. Auch Winnicott behandelt dieses Thema, wenn er in der Psychotherapie über die Notwendigkeit der phantasierten »Zerstörung des Objekts« (D. W. Winnicott, »Vom Spiel zur Kreativität«, S. 105) durch den Patienten spricht.

Der gesamte Vorgang in einer Psychotherapie hat Ähnlichkeit mit dem Vorgang, bei dem eine Mutter/Bezugsperson ihrem Kind bei seiner psychischen Entwicklung hilft und dabei versucht, sich auf dessen emotionale Frequenz einzuschwingen, um mit ihm in Kontakt zu kommen. Der Unterschied ist, daß der Therapeut im Gegensatz zu einer Mutter eine Abwehrbarriere überwinden muß, die sich als eingeschliffene zwiespältige Erwartungshaltung des Patienten darstellt.

Einem Patienten stimmig die Wahrheit zu spiegeln ist oft eine schwierige und langwierige Sache, beinhaltet sie doch meist, daß er nicht wirklich so tüchtig, so klug, so attraktiv oder so beliebt ist, wie er es sich einbildet, oder daß der oder die Betreffende nicht so eine gute Mutter beziehungsweise Vater ist, wie sie oder er es sich selbst vormacht, sondern daß mit den unermüdlichen Bemühungen nur ein psychischer Konflikt abgewehrt wird. Obgleich die meisten Patienten sich als Opfer beschreiben und klagen, können sie diese Opferrolle nicht bewußt annehmen. Die Abwehr der Opferrolle führt aber zu der paradoxen Situation, daß sie immer wieder aufs neue konstelliert wird und der Betreffende einfach nicht aus der Opferrolle herauskommt. Es ist das Abwehrverhalten, das den neurotischen Teufelskreis aufrechterhält.

So gesehen ist Psychotherapie immer ein Prozeß, durch den die Leidensfähigkeit des Patienten vertieft werden soll, weil das Erleben des verdrängten Schmerzes eine befreiende Wirkung zur Folge hat. Ein Mensch, der schmerzliche Gefühle abwehren muß, nimmt aufgrund der betäubenden Wirkung der Abwehr in Kauf, daß er auch mit angenehmen Gefühlen schlecht in Kontakt kommt. Zu Schwierigkeiten bei der Verinnerlichung von Gefühlen kommt es ursprünglich aber immer nur bei den schwer verdaulichen Frustrationen, nie bei den angenehmen Erfolgserlebnissen. Darum sind es auch die Frustrationen, die bearbeitet werden müssen. Eine Therapie, in welcher der Patient nur vom Therapeuten gestützt wird, also nur positiv aufgebaut und nicht frustriert wird, kann deshalb nur in Krisensituationen und vorübergehend sinnvoll sein. Positive »Suggestionen« seitens des Therapeuten und Anleitungen, sich selbst positiv zu »programmieren«, können sogar zu einer Verstärkung der Scheinpersönlichkeit oder des Größenselbst des Patienten führen. Durch übergestülptes »positives Denken« kann der Patient gleichsam zum »Faß ohne Boden« werden, so daß er immer zwanghaft auf eigene oder fremde positive Suggestionen angewiesen ist. Die analytische Therapie, die dem Patienten hilft, seine eigenen Grenzen zu erfahren, ist in der Regel ein schmerzhafter Prozeß, auf dessen Grundlage sich aber eine echte positive und kreative Lebenseinstellung aufbauen läßt.

Können Eltern erkennen, daß hinter ihren verzweifelten, gutgemeinten erzieherischen Absichten die Abwehr einer eigenen Problematik steht, so ist für das Kind am meisten gewonnen. Die Einstellung: »Ich tue alles für mein Kind, ich meine es doch nur gut, aber ich komme damit beim Kind nicht an«, zeigt, daß die Eltern die Opferrolle als Abwehrschild vor sich hertragen und diese sie vor schmerzlichen Einsichten auf anderen Gebieten schützen soll. Solch eine Einstellung sollte Eltern stutzig machen und sie bewegen, sich auf die Suche nach blinden Flecken in ihrem Selbstbewußtsein zu begeben.

Analytische Spieltherapie mit Kindern

In einer Kindertherapie werden die verdrängten psychischen Konflikte in einem dem Alter des Kindes entsprechenden Setting bearbeitet. Das heißt, die Darstellung des Problems erfolgt hauptsächlich im Verlauf eines Spieles. Das Kind hat im geschützten Raum des Behandlungszimmers die Möglichkeit, sich selbst im Rollen- und Regelspiel, aber auch gestalterisch durch Zeichnen, Malen und Werken auszudrücken. In der Regel wird der gestalterische Ausdruck im Spiel durch den verbalen Ausdruck ergänzt. Der Übergang vom Spielen zum Sprechen findet im jugendlichen Alter statt, ist aber stark von der psychischen Situation des einzelnen Kindes oder Jugendlichen abhängig. So gibt es beispielsweise Fünfjährige, die sehr differenziert über ihre Problematik berichten können, und Sechzehnjährige, bei denen nur durch den Verlauf eines Spieles etwas über ihre Problematik zu erfahren ist.

Eine Spielebene, auf der von einem Kind unbewußte innerpsychische Konflikte dargestellt werden können, ist das »Sandspiel«. Zu diesem Zweck befindet sich im Behandlungsraum ein Sandkasten, und es gibt Spielfiguren –

197

Menschen, Tiere, Gegenstände –, um Szenen darzustellen. Gelegentlich wird er auch von Jugendlichen benutzt, in der Regel aber erzählen Kinder unter zwölf Jahren hier spielend »ihre Geschichte«. Im folgenden wird beschrieben, wie im Verlauf solch eines »Sandspiels« ein unbewußter psychischer Konflikt bearbeitet werden kann.

Ein achtjähriges Mädchen fällt in der Therapie durch seine Ordentlichkeit auf. Zu Beginn der Stunde kontrolliert sie stets den Behandlungsraum, schaut nach, ob etwas neu hinzugekommen ist, kommentiert, wenn andere Kinder etwas nicht richtig zusammengeräumt haben, und bringt es in Ordnung. Am Ende der Stunde räumt sie sorgfältig auf und gibt mir Anweisungen, auf was ich – in punkto Ordnung – bei anderen Kindern achten müsse. Dieses Mädchen baut im Sandkasten einen prächtigen Palast, in dem eine Königin wohnt. Diese Königin hat eine Dienerin, deren Tätigkeiten im Spiel ausführlich beschrieben werden. Sie muß einkaufen gehen, kochen, putzen, den ganzen Palast in Ordnung halten. Sie versorgt die Königin und schreibt ihr sogar vor, was sie anziehen soll. Auf meine Frage, ob sie lieber die Königin oder die Dienerin wäre, antwortet die Patientin erwartungsgemäß, daß sie natürlich die Dienerin sei und daß diese auch noch ein ganz junges Mädchen sei. Die Dienerin verwaltet außerdem die Schatzkammer, und nur sie hat den Schlüssel zum Weinkeller, den sie aufsucht, um den guten Wein zu holen, weil am Abend der König von einer Schlacht zurückerwartet wird. Außerdem hat sie ein Festessen gekocht und den Tisch für drei gedeckt. Als ich sie frage, wie es den Dreien miteinander gehe, antwortet sie, daß sie glücklich und zufrieden seien und daß es keinerlei Probleme im Palast gebe.

Was erzählt dieses Mädchen anhand der Geschichte über ihren unbewußten Konflikt? Der Konflikt zeigt sich in der unstimmigen Beziehung zwischen der jungen Dienerin und der Königin. Im Verlauf der Geschichte wird immer deutlicher, daß eigentlich diese junge Dienerin die Herrin im Schloß ist und daß ihr die Königin nichts zu befehlen hat. Die Art und Weise, wie die Dienerin mit der Königin umgeht, zeigt auf, daß sie dieser gegenüber aggressiv eingestellt ist. Von oben herab, fast als ob sie sich für etwas rächen wolle, sagt sie der Königin, was sie zu tun hat.

Mit der Figur der übermächtigen Dienerin stellt das Mädchen sein unbewußtes Größenselbst dar. Diese Größenphantasien wehren eine unverdaute Kränkung ab, die ebenfalls in der Rolle der Dienerin enthalten ist. Man kann daraus schließen, daß es früher im Leben des Mädchens Situationen gab, in denen sie sich von der Mutter zurückgewiesen – »zur Dienerin degradiert« – fühlte und dies nicht verkraftet hatte. Als dieses Mädchen drei Jahre alt war, wurden Zwillingsbrüder geboren. Die Mutter war dadurch sehr beschäftigt und betonte gegenüber dem Mädchen immer, daß sie nun schon groß sei und ihr helfen könne. Das tat sie dann auch. Sie wurde ein sehr vernünftiges und hilfsbereites Kind und bot sich zur Freude der Mutter bereitwillig an, auf ihre Brüder aufzupassen. Das Problem war nur – und deswegen war sie in Behandlung gekommen –, daß sie seit geraumer Zeit an starken Ängsten litt, womit sie die Mutter unbewußt tyrannisierte. Sie traute sich nicht allein in die Schule, fühlte sich dort trotz guter Intelligenz überfordert und konnte nachts nicht schlafen.

Um nun den Konflikt auf der Spielebene durchzuarbeiten, mischte ich mich ins Spiel ein. Ich sagte, daß es mir so vorkomme, als ob die drei Personen, die Königin, der König und die Dienerin, eigentlich eine Familie seien, die Dienerin keine Dienerin, sondern die Königstochter, die irgendwie zur Dienerin geworden sei. Wie könnte wohl aus der übermächtigen Dienerin wieder eine Königstochter werden? Ich schlug dem Mädchen vor, das Spiel zu diesem Thema weiterzuspielen, und übernahm die Rolle der Königin. Ich forderte sie auf der Spielebene auf, das Abwehrverhalten aufzugeben: »Es tut mir leid, aber du sollst nicht Dienerin bleiben, denn du bist in Wirklichkeit meine Tochter. Du mußt aufhören, mich zu bedienen, und auch den Schlüssel für die Schatzkammer und den Weinkeller zurückgeben.« Zuerst hörte das Mädchen ganz erstaunt und interessiert zu, als ich der Geschichte diese Wendung gab. Plötzlich aber kamen Hilflosigkeit und Unlust bei ihr auf. »Das muß ich mir noch überlegen, vielleicht kann ich dir morgen die Schlüssel zurückgeben.« Schließlich sagte sie, daß sie glaube, es falle ihr nichts mehr ein, und daß sie eigentlich keine Lust habe, weiterzuspielen. Ich antwortete, daß ich dies aber wichtig fände. Das sonst so freundlich strahlende Mädchen zeigte plötzlich einen großen Frust und spielte lustlos weiter. Plötzlich schlug diese Lustlosigkeit in Wut um, und sie begann auf der Spielebene als Dienerin mich als Königin zu beschimpfen. »Du blöde Königin, wenn du noch einmal versuchst, mir die Schlüssel wegzunehmen, hole ich das Krokodil, und dann siehst du, was du davon hast.« Ich kommentierte, daß die Dienerin/Tochter wohl eine ziemliche Wut auf ihre Mutter habe, und fragte, ob dies vielleicht etwas damit zu tun haben könnte, wie sie überhaupt an die

Schlüssel gekommen war, die doch eigentlich der Königin gehörten. Früher, als sie noch klein war, habe die Mutter nicht aufgepaßt, da habe sie die Schlüssel gestohlen und sei einfach Dienerin geworden, war die spontane Erklärung des Mädchens. In der Rolle der Königin sagte ich: »Jetzt erst merke ich, wie schlimm es für dich war, wie sehr es dich geärgert haben muß, daß ich nicht aufgepaßt habe.« Aus der mächtigen Dienerin war plötzlich ein kleines anklagendes Mädchen geworden. »Immer mußtest du mit anderen Kindern spielen«, sagte sie. – »Und du hättest es so gerne gehabt, daß ich nur für dich da bin und nur mit dir spiele«, führte ich weiter aus. »Ja genau«, sagte das Mädchen in vorwurfsvoll anklagendem Ton.

Da durch das Spiel ein abgewehrter Konflikt in dem Mädchen wiederbelebt wurde, schlug ich eine Brücke zur Realität. Ich sagte ihr, daß ich glaubte, daß es für sie früher wohl auch sehr schlimm gewesen sein mußte, wenn die Mutter wegen der Zwillinge so wenig Zeit für sie hatte. Anschließend sprach ich ihre unbewußten neurotischen Wünsche mir gegenüber an und sagte, daß ich ebenfalls den Eindruck hätte, sie wolle eigentlich am liebsten auch hier in der Therapie das einzige Kind sein, das zu mir kommt. Die Betroffenheit des Mädchens war nur zu deutlich. Ihr Gefühl, zu kurz gekommen zu sein, brach jetzt hervor. Sie hatte durchgängig versucht, es durch tüchtige Aktivitäten abzuwehren. Nach dieser Behandlungsstunde verließ sie – ohne zusammenzuräumen, ohne Anweisungen an mich – still und leise das Therapiezimmer. In den folgenden Sitzungen setzte sie das Sandspiel fort und phantasierte sich als Königstochter, die viele Tiere besaß. Dadurch zeigte sich, daß sie mehr bei sich und der Bearbeitung ihrer aggressiven Anteile angekommen war. Sie kümmerte sich jetzt um die Tiere, versorgte diese, spielte aber auch mit ihnen. Sie war dabei weicher und offener, der starre herrische Zug, den die Dienerin verkörpert hatte, war deutlich weicher geworden.

Mit der Mutter, deren Leitspruch ein abwehrendes »Da hilft nichts, da muß sie einfach durch« war, besprach ich anhand von einzelnen Situationen, daß ihre Tochter zwar »da durchmüsse«, aber sie ihr doch helfen konnte. Sie sollte einerseits die übertrieben hilfreichen Angebote der Tochter ausschlagen, wenn sie sich etwa als Babysitter anbot, andererseits für die Problematik der Tochter mehr Mitgefühl entwickeln und dieses auch etwa folgendermaßen ansprechen: »Ich weiß ja, du würdest am liebsten mit mir alleine spielen, leider hab ich keine Zeit, aber vielleicht hat ja jemand anders Zeit.« Auf diesem Weg konnte sie ihre Tochter auch ein Stück weit befreien, so daß diese offener für Kontakte zu Gleichaltrigen wurde, die sie bisher vernachlässigt hatte. Es wurde deutlich, daß die Mutter, deren Ein und Alles bis zur Geburt der Zwillinge die Tochter gewesen war, Angst hatte, daß diese die große Frustration nicht verkraften könne. Ich riet ihr, dies gegenüber ihrer Tochter anzusprechen. Der blinde Fleck im Selbstbewußtsein der Mutter lag dort, wo es darum ging, ihre Tochter als die Arme und Bedürftige zu spiegeln. Diese Spiegelung brauchte die Tochter aber, um eine echte Tüchtigkeit entwickeln und die aufgesetzte Tüchtigkeit der Dienerin ablegen zu können. Begegnete ich meinerseits der Mutter mit Mitgefühl, indem ich ihren Streß mit den zwei äußerst lebhaften Jungen ansprach, wurde ebenfalls sofort Abwehr spürbar. Sie betonte dann stets, daß sie alles unter Kontrolle habe, was sie – genau wie ihre Tochter – zwar tüchtig, aber sehr hart erscheinen ließ. Diese Härte in allen ihren Beziehungen, nicht nur gegenüber ihrer Tochter, die sich außerdem in häufigen Kopfschmerzen niederschlug, ein Stück weit aufzugeben, war die Aufgabe der Mutter.

Normalerweise sind Eltern, die ihre Kinder in therapeutische Behandlung bringen, zwar überrascht über das Ausmaß der erwarteten Mitarbeit, aber doch grundsätzlich willens, sich zu verändern, wenn auch mit unterschiedlichem Erfolg. Die Sichtweise, daß Eltern, die ihre Kinder in der Entwicklung ihres Selbstbewußtseins behindern, diese eigentlich unbewußt mißbrauchen, um blinde Flecken im eigenen Selbstbewußtsein abzuwehren, mag zwar vielen Menschen als übertrieben erscheinen, entspricht aber meines Erachtens der Realität. Deshalb ist bei psychotherapeutischen Behandlungen von Kindern auch immer das emotionale Annehmen von Schuld ein Thema für die Eltern. Diese Annahme ist mit dem schmerzlichem Gewahrwerden der eigenen Unfähigkeit verbunden. Schuldhaftigkeit entwickelt sich immer aus einem Abwehrverhalten heraus, das lange zurückliegenden Frustrationen immer noch hartnäckig entgegensetzt wird. So können Eltern dadurch schuldig werden, daß sie aufgrund von solch eingeschliffenem Abwehrverhalten ihre Kinder einfach nicht so annehmen können, wie sie sind. Sie stülpen ihnen eine Rolle über und beauftragen sie, etwas zu sein, das sie nicht sind. Manche Kinder können ein Leben lang in dieser Rolle gefangen bleiben und unbewußt versuchen, den Ansprüchen ihrer Eltern gerecht zu werden. Dabei können sie Glanzleistungen vollbringen oder zu Versagern werden. Aber gegenüber sich selbst, ihren echten Wünschen und Gefühlen werden sie hart und verschlossen bleiben.

Die Gefahr, daß aus mißbrauchten Kindern wiederum Eltern werden, die ihre Kinder mißbrauchen, ist sehr groß. Bewußt oder unbewußt klagen sie die eigenen Eltern und

damit zwangsläufig ihre Kinder – oder auch stellvertre-
tend andere Menschen – fortlaufend an und wollen deren
Schuld beweisen. Sie sind nicht zu einem ausreichendem
Selbstbewußtsein erzogen worden, um die eigene Schuldhaftigkeit stimmig integrieren zu können.

Wenn Eltern also im Verlauf einer Therapie wirklich
spüren, daß sie nicht eingebildete Rollen erfüllen müssen,
etwa die perfekte Mutter oder den perfekten Vater, so wird
ihnen geholfen, endlich selbst aus der Rolle des »mißbrauchten« Kindes herauszutreten. Sie können dadurch
eine unglückselige Entwicklung, die sich meist über Generationen fortgesetzt hat, unterbrechen. Schaffen sie dies
nicht, müssen die Kinder ohne die Hilfe der Eltern versuchen, aus dieser Rolle herauszukommen. Dies kann aber
erst im Erwachsenenalter bewältigt werden, wenn die
Kinder sich nicht mehr in einer tatsächlichen Abhängigkeit von den Eltern befinden. So ist Kindertherapie, speziell in der ambulanten Form, immer nur als eine Wei-
chenstellung zu begreifen, bei der die Eltern mitziehen
müssen.

KAPITEL 10

Funktionen des Selbstbewußtseins

Selbstbewußtsein als Höhepunkt der Evolution

Unsere Fähigkeit, Selbstbewußtsein zu entwickeln, ist der Höhepunkt der bisherigen Evolutionsgeschichte. Da der Mensch sich über seine Umwelt und über sich selbst in einer ganz anderen Weise bewußt werden kann als ein Tier, ist dieses Merkmal vielleicht das grundlegendste der menschlichen Spezies überhaupt. Der Hirnforscher John C. Eccles beschreibt den Beginn des Selbstbewußtseins als eine evolutionäre Neuerung. Die biologische Spezies, von der die Menschheit abstammt, habe nur Rudimente von Selbstbewußtsein oder möglicherweise gar keines (»Wie das Selbst das Gehirn steuert«, S. 324).

Im Mutterleib durchlebt der Mensch in Anklängen die biologische Evolutionsgeschichte. So ist der Mensch als Embryo etwa »eine Zeit lang gezwungen, ein Fisch zu sein« (R. Riedl, »Die Strategie der Genesis«) und Kiemen auszubilden. Die biologische Evolution bezieht sich auf die funktionelle Ausbildung des menschlichen Körpers. Es gibt aber auch eine Evolutionsgeschichte des menschlichen Selbstbewußtseins. Dafür kann die psychische Entwicklung eines Kindes als Modell gesehen werden.

Das Selbstbewußtsein eines anderthalb bis zweijährigen Kindes kann mit dem Selbstbewußtsein der ersten

Menschen, die vor 500 000 Jahren lebten, verglichen werden. Das Denken dieser Urmenschen war noch wenig verinnerlicht. In ihren Problemlösungsstrategien waren sie noch weitgehend auf Versuch und Irrtum angewiesen. Nur teilweise konnten sie aufgrund von Überlegungen – eben in dem Ausmaß, wie es anderthalbjährige Kinder können – zu neuen Lösungen gelangen.

Bei Menschen, die auf der Entwicklungsstufe primitiver Kulturen lebten und noch leben, können wir eine fortgeschrittene Verinnerlichung der äußeren Welt feststellen. Geistige Bilder können als Symbole für die Außenwelt verwendet werden. Diese Fähigkeit entspricht bei einem Kind der Entwicklungsphase, die vom zweiten bis zum siebten Lebensjahr reicht (nach J. Piaget: präoperatives Stadium).

Im Rahmen von Forschungsarbeiten wurde ein sechsjähriger Junge gefragt, wie seiner Meinung nach die Sonne entstanden sei. Der Junge erzählte eine Geschichte, in der der liebe Gott ein Streichholz entzündet und weggeworfen hat. So sei die Sonne entstanden. Dieser Versuch, rätselhafte Naturereignisse zu erklären, offenbart einen Reichtum an inneren Vorstellungsbildern, die symbolhaft für Erscheinungen in der äußeren Welt eingesetzt werden. Was in diesem Entwicklungsstadium jedoch noch fehlt, ist die Vorherrschaft des logischen Denkens. Ein logisches Denksystem wird von einem Kind erst in der Zeit von etwa sieben bis elf Jahren entwickelt.

Ebenso prälogisch wie die Geschichte des sechsjährigen Jungen sind stammesgeschichtliche Mythen primitiver Völker (s. C. G. Jung, »Bewußtes und Unbewußtes«, S. 14). Auf ihrer Grundlage entwickeln sich religiöse Riten, und diese wiederum haben Einfluß auf die soziale Rangordnung. Göttliche Zeichen, Aberglaube und magisches Denken spielen dabei eine Hauptrolle.

Oft sind wir erstaunt darüber, wieviel fundamentales Wissen auf dieser primitiven Entwicklungsstufe anzutreffen ist. Die heilende Wirkung von Kräutern und sogar die Bedeutung von Naturgesetzen, die erst in viel späterer Zeit wissenschaftlich belegt wurden, werden stellenweise intuitiv erkannt. Genauso können Kinder, ohne bereits logisch denken zu können, gelegentlich intuitiv zu verblüffendem Wissen gelangen. Was diesem Wissen aber fehlt, ist die Einsicht in die Zusammenhänge zwischen Ursache und Wirkung. Dieser geistige Überblick wird auf der nächsthöheren Entwicklungsstufe des Selbstbewußtseins gewonnen, auf der es dann auch möglich wird, logische Schlußfolgerungen zu ziehen.

Es ist zum Merkmal des modernen Menschen geworden, vorwiegend logisch zu denken. Die Logik wurde als Wissenschaft bereits im antiken Griechenland begründet. Aber sie blieb viele Jahrhunderte lang beschränkt auf einige wenige Privilegierte oder Außenseiter der Gesellschaft. Die Freiheit der Menschen, kraft ihrer Vernunft zu entscheiden, was richtig oder falsch ist, war lange durch strenge soziale Normen und – besonders im Mittelalter – durch religiöse Gebote eingeschränkt. Erst im 18. Jahrhundert kam es bei breiten Bevölkerungsschichten zum großen Durchbruch des vernünftig-logischen Denkens. »Die Freiheit, daß jeder Mensch von seiner Vernunft in allen Stücken öffentlichen Gebrauch machen soll« (Immanuel Kant), prägte das Zeitalter der Aufklärung. Dies führte zur kritischen Hinterfragung des Überlieferten, auch in religiöser Hinsicht, und brachte grundlegende Reformen im politischen und wissenschaftlichen Bereich.

Das Zeitalter der Aufklärung kann – bezogen auf die psychische Entwicklung des Einzelmenschen – mit der Entwicklungsphase der Pubertät verglichen werden. Mit logisch-vernünftigen Argumenten, die das eigene Urteil untermauern sollen, wird von Jugendlichen das Althergebrachte, in erster Linie die Ansichten der Eltern, in Frage gestellt. Manchmal geraten die Auseinandersetzungen zwischen Jugendlichen und deren Eltern zu einer regelrechten Revolte, genauso wie sozialpolitische Revolutionen als radikale Vorläufer das Zeitalter der Aufklärung ankündigten. Nachdem die pubertären Stürme überstanden sind, sollte der junge Mensch von heute aber dort angekommen sein, wo sein logisch-vernünftiges Denken die auf der Gefühlsebene entwickelten Fähigkeiten für Toleranz und soziale Verantwortung verstärkt.

Die Vernunft ist zu einer mächtigen Instanz geworden, die das Selbstbewußtsein unterstützt, und der Erwerb von geistigen Fähigkeiten stellt eine großartige Weiterentwicklung des Selbstbewußtseins dar. Dies ist allerdings nur dann der Fall, wenn die geistigen Fähigkeiten sozusagen aus den emotionalen »herausentwickelt« werden. Ist logisches Denken nur übernommen und übergestülpt, wird es lediglich zur großartigen Abwehr. Die Einsicht, daß die emotionale Entwicklung die Basis für die Nutzung geistiger Fähigkeiten ist, ist besonders heutzutage wichtig. Geistige Fähigkeiten werden immer wichtiger, und das Leben spielt sich zunehmend im Kopf ab. Als eine neue Stufe in der Weiterentwicklung des Selbstbewußtseins ist zu beobachten, daß es immer notwendiger wird, nicht nur konkret logisch, sondern zunehmend abstrakt und hypothetisch denken zu können. Dadurch wird der Mensch noch stärker als bisher zu einem kompetenten Einzelwesen, das sich als Ersatz für mitmenschliche Kontakte mit komplexen virtuellen Welten auseinandersetzen kann. Aufgrund technischer Neuheiten kommt es zu rasanten Veränderungen in unserer Umwelt, und das Selbstbewußtsein wird angeregt, sich schneller weiterzuentwickeln. Bereits von einer Generation zur nächsten ist ein Unterschied erkennbar. Die Kinder von heute, die in der hochtechnisierten Computerwelt aufwachsen, haben bereits einen komplexeren Zugang zu technischen Neuerungen entwickelt. Sie sind auf eine ganzheitlichere Art und Weise als ihre Eltern und Großeltern fähig, Neues zu erlernen. Um aber dabei nicht im Dschungel der modernen Mediengesellschaft verlorenzugehen, ist es gerade für Kinder in der heutigen Zeit besonders wichtig, daß die emotionale Entwicklung, die die Basis für die verstandesmäßig-kognitive Entwicklung ist, möglichst solide verläuft. Nur dann kann das Selbstbewußtsein auch seine Funktion erfüllen, und wichtige Fähigkeiten – die im folgenden beschrieben werden – können entwickelt werden.

Die Fähigkeit, sich selbst wiederzuerkennen

Das Selbstbewußtsein befähigt uns Menschen, uns selbst wiederzuerkennen. Tiere können sich grundsätzlich nicht im Spiegel erkennen. (Eine Ausnahme haben Studien ergeben, die mit Schimpansen gemacht worden sind; siehe J. Eccles, »Wie das Selbst das Gehirn steuert«.) Sie erkennen zwar, daß etwas im Spiegel ist, aber es springt kein Funke über, der sie befähigt zu erkennen, daß dies ihr eigenes Spiegelbild ist. Menschen können dies etwa ab dem Alter von anderthalb Jahren, und es ist bereits Ausdruck von einem überragenden Selbstbewußtsein. Beim selbstbewußten Erwachsenen beschränkt sich diese Fähigkeit aber nicht nur auf einen Spiegel. Für ihn kann die gesamte bestehende Realität zum Spiegel werden. Wer sich wiederholt wiedererkennt, vertieft dadurch sein Bewußtsein, so daß es zu einem Selbstbewußtsein wird. Wird ein Kind in den ersten beiden Lebensjahren ausreichend stimmig erkannt und gespiegelt, so wird der Grundstein dafür gelegt, daß es sich später in der Realität von sich aus wiedererkennen kann. Im Alter von etwa drei Jahren kann ein Kind bereits bei einer Geschichte mitleben und sich in den Personen der Handlung wiedererkennen. Es hat gelernt, sich in andere hineinzuversetzen. Ein dreijähriges Kind, dessen Mutter weint, weint nicht mehr nur, weil es Spannungsgefühle abreagiert. Es kann bereits aufgrund eigener bewußter Erfahrungen mit der Mutter mitleiden.

Ein selbstbewußter Erwachsener vermag sich beispielsweise in einem Buch oder in einem Bild wiederzuerkennen, es »sagt ihm etwas«, spricht ihn an. Es kommt zu einem Dialog auf der Gefühlsebene. Vertieft sich jemand in Literatur, folgt er aufmerksam der Handlung eines Films oder kann er theoretisches Wissen wirklich nachvollziehen, kann er sich reflexiv – eben dadurch, daß er die gegebene Realität nicht bloß wahrnimmt, sondern sich wiedererkennt – seiner eigenen Natur bewußt werden. Ebenso kann er Naturvorgänge symbolisch für seine Befindlichkeiten erleben. Im Wechsel der Jahreszeiten, im Heranwachsen und Vergehen der Pflanzen beispielsweise kann er sich seiner persönlichen Entwicklung gewahr werden.

Da der Körper eines Menschen, aber auch seine Gedanken und Gefühle immer auch ein Teil der gegebenen Realität sind, bedeutet dies, daß ein Mensch auch sozusagen zum Spiegel seiner selbst werden kann. Dies ist dann der Fall, wenn er Introspektion übt. Bei diesem Vorgang betrachtet der Mensch seine eigenen seelischen Vorgänge, seine Gedanken und Gefühle. Erkennt er sich dabei wieder, wirkt das Spiegelbild auf ihn zurück, und er gelangt auf eine reflexive Bewußtseinsebene. Diese Fähigkeit, sich introspektiv selbst zu betrachten, ist im Grundschulalter bereits ausreichend vorhanden, so daß Kinder von sich aus eine »Gewissenserforschung« vornehmen können. Es ist ein wichtiges Anzeichen einer gesunden psychischen Entwicklung, wenn Kinder von sich aus in der Lage sind, sich selbst sozusagen einen Spiegel vorzuhalten. Dadurch sind sie fähig, ihrer psychischen Entwicklung aus sich heraus Anstöße zu geben.

Im Grunde genommen ist der Mensch im Verlauf seines Lebens stets auf der Suche nach sich selbst, danach, sich in seiner Welt wie in einem Spiegel wiederzuerkennen. Dies entspringt dem angeborenen Drang, sein Selbstbewußtsein zu vergrößern. Das Selbstbewußtsein gibt dem Menschen Selbstsicherheit. Selbstsicherheit wiederum ist die Grundlage zur Selbstverwirklichung. Können sich in einem Menschen Selbsterkenntnis, Selbstbewußtsein, Selbstsicherheit und Selbstverwirklichung zu einem positiven Regelkreis entfalten, so bewirkt dies, daß der betreffende Mensch sein Leben als sinnvoll und erfüllt empfindet.

Die Funktion des Selbstbewußtseins kann als eine übergeordnete psychische »Verdauungsinstanz« angesehen werden, durch die der Mensch Realität verarbeitet. Das Verarbeiten geschieht dadurch, daß der Mensch sich wiedererkennt, und er kann sich so seine Wahrnehmungen psychisch einverleiben. Ist eine Sache psychisch »gegessen«, so nimmt dadurch das Selbstbewußtsein zu. Aufgrund dieser reflexiven Fähigkeit ist der Mensch in einem viel umfassenderen Sinne lernfähig als das Tier. Da er aber nicht andauernd reflektieren kann, lernt er auch, indem er imitiert, bis zu einem gewissen Grad »dressiert« wird oder sich selbst »dressiert«. Dies bedeutet, daß eine Anzahl von sogenannten Lernprozessen nur oberflächlich stattfinden, nicht verinnerlicht werden und daher unbewußte Anpassungsprozesse sind. Dies sind für den Menschen aber untergeordnete Behelfsmaßnahmen. Ein wirklicher Lernprozeß beinhaltet, daß etwas im Menschen belebt wird, das in seiner Natur angelegt ist. Solch ein Lernprozeß ist dann ein Anstoß für die individuelle Entwicklung, welcher Raum gelassen werden muß. Wird ein Kind beispielsweise zu sehr gefördert und dadurch überfüttert, kann es das Angebotene nicht bewußt verdauen. Steht der Dressurakt im Vordergrund, wird dadurch die Fähigkeit der Reflexion beeinträchtigt.

Für das Wohlergehen eines Menschen ist es enorm wichtig, daß er, nachdem er die Fähigkeit, sich wiederzuerkennen, entwickelt hat, lernt, seine Spiegelbilder auch auszuhalten. Hat er nicht die innere Stärke, von Zeit zu Zeit innezuhalten und zu reflektieren – das heißt seine Spiegelbilder ausreichend auf sich wirken lassen –, so wird er zu einem, der ständig vor sich selbst flüchten muß. Solch ein Zustand mobilisiert ein Übermaß an negativem Dauerstreß, der zu den unterschiedlichsten psychischen und physischen Störungen führen kann. In diesem Fall kann ein Mensch immer nur einen flüchtigen Blick in den Spiegel werfen, muß sich dann aber abwenden, um zu verhindern, daß das Spiegelbild auf ihn zurückwirkt und er sich wirklich selbst wahrnimmt. Er kann die Realität nicht an sich heranlassen, versucht sich von ihr zu distanzieren, indem er abwehrt, daß sie ihm bewußt wird. Gerade die Bruchstücke der Realität, die er nicht wahrhaben kann, werden ihn aber schließlich verfolgen, weil durch Abwehrverhalten keine wirkliche Distanzierung erreicht werden kann. Wirkliche Distanzierung im Sinne von Loslassen kann nur durch Reflexion erfolgen. Bei der Abwehrsituation wird aber gerade verhindert, daß der reflexive Bewußtseinszustand erreicht wird. Es können keine tie-

212

fen, die aufgenommene Realität bewertenden Gefühle entstehen. Genau diese sind aber nötig, um sich von einem Stück Realität – in der Regel von einem frustrierenden Stück Realität – distanzieren zu können. Nur so kann sich das Selbstbewußtsein von Fixierungen an die Realität befreien und sich uneingeschränkt weiterentwickeln.

Befindet sich also ein Mensch in einer unangenehmen, frustrierenden oder gar bedrohlichen Situation, wird er an den Punkt gelangen, wo er sich selbst in der Realität wie in einem Spiegel wiedererkennt. Er hat nun zwei Möglichkeiten. Entweder er kann das Spiegelbild auf sich zurückwirken lassen und so auf die reflexive Ebene gelangen, oder er wendet sich von seinem Spiegelbild ab, um der reflexiven Wirkung zu entgehen. Im ersten Fall kann durch die psychische Verdauungsarbeit gestärktes Selbstbewußtsein entstehen. Im zweiten Fall wird Abwehrverhalten eingesetzt, um die Realität am Eindringen in tiefere Schichten des Bewußtseins zu hindern. Ein Mangel an Selbstbewußtsein ist die Folge. Gleichzeitig entsteht ein Komplex (Terminus von C. G. Jung), der sich auf der psychischen Ebene aus der Abwehrtätigkeit und dem unverdauten Stück Realität bildet.

Welche der beiden Möglichkeiten eintritt, darüber entscheidet letztendlich die Stärke des Selbstbewußtseins des betreffenden Menschen. Je weniger Fixierungen das Selbstbewußtsein unterworfen ist und je vollständiger es entwickelt ist, desto größer ist die Selbstsicherheit des betreffenden Menschen. Er hat dann den Mut, sich Frustrationen zu stellen, und die Kraft, sich selbst als einen Frustrierten und damit einen »Beschränkten« auszuhalten. Schranken anzunehmen, die durch die Realität auferlegt werden, heißt, seine eigenen Grenzen erfahren. Durch diese Grenzerfahrungen, die immer eine Vergrößerung des

Selbstbewußtseins mit sich bringen, können im Menschen angelegte kreative Potentiale belebt werden. Man geht davon aus, daß bei der evolutionären Entwicklung des Selbstbewußtseins die Bewußtwerdung der eigenen Sterblichkeit eine entscheidende Rolle spielt. Auch in persönlichen Schicksalen kann es manchmal im Angesicht des Todes – wenn ein Mensch sich in diesem ultimativen Spiegel bewußt wiederzuerkennen vermag – zu erstaunlichen Durchbrüchen von kreativen, neu belebenden Energien kommen. So kann das bewußte Annehmen des eigenen Todes im Leben eines Menschen eine heilsame Selbsterfahrung darstellen. In manchen Fällen lebensbedrohlicher Erkrankungen kann solch eine Vergrößerung des Selbstbewußtseins möglicherweise eine »Lebensrettung« bewirken. Es ist denkbar, daß sogenannte Spontanheilungen auf diese Art und Weise zustande kommen.

Die Fähigkeit, sich zu konzentrieren

Konzentration kann unwillkürlich auf innere oder äußere Reize erfolgen. Vernehmen wir beispielsweise ein lautes bedrohliches Geräusch, so konzentrieren wir uns spontan und versuchen, für unsere Sicherheit Vorkehrungen zu treffen. Diese Art der Konzentration verdanken wir aber weniger dem Umstand, daß wir selbstbewußt sind. Vielmehr ist dabei wichtig, daß wir bei Bewußtsein sind, in einem Zustand nämlich, in dem wir »Herr unserer Sinne« sind. Anders verhält es sich aber, wenn wir etwa versuchen, eine Ballade von Schiller auswendig zu lernen. Dafür müssen wir unsere Konzentration – oft mit Mühe – aufrechterhalten und dürfen uns nicht von inneren oder äußeren Reizen ablenken lassen. Nur wenn wir über ein gewisses Maß an Konzentrationsfähigkeit verfügen, wird uns dieses Vorhaben gelingen. Wie aber kommen wir zu dieser Konzentrationsfähigkeit, die es uns ermöglicht, anstatt auf Reize zu reagieren, letztlich auf selbstgewählte Ziele hinzuarbeiten? Bei der psychischen Entwicklung eines Kindes setzt Konzentrationsfähigkeit dann ein, wenn das Kind in der Lage ist, sich selbst ein Stück weit zu frustrieren, beziehungsweise gelernt hat, sich mit Frustrationen, die ihm Erwachsene setzen, zu identifizieren. Wenn Eltern es schaffen, ihr Kind gut mit einer anstehenden Frustration zu »füttern«, werden sie beobachten, daß es im Anschluß daran ruhiger und vernünftiger ist und sich auch besser konzentrieren kann. Die Konzentrationsfähigkeit entwickelt sich nämlich hauptsächlich durch die Verinnerlichung von Frustrationen, was gleichbedeutend mit der bewußten Annahme der eigenen Grenzen ist. Bei diesem Vorgang der Verinnerlichung kann eben der Mensch – im Gegensatz zum Tier – auf eine höhere Bewußtseinsebene gelangen. Es tritt dann eine Veränderung seines Bewußtseinszustandes – von bewußt in Richtung selbstbewußt – ein. Auf dieser höheren, reflexiven Bewußtseinsebene gewinnt der Mensch einen zunehmenden Überblick, und er sieht Zusammenhänge in einem größeren Umfang. Vor(aus)sicht und Rücksicht können entwickelt werden, und dadurch wird es für den Menschen möglich, »höhere« Ziele zu erkennen. Das Finden solch übergeordneter Ziele ist überaus wichtig für die Entwicklung der Konzentrationsfähigkeit. Je klarer man diese Ziele vor Augen hat, desto stärker wird der Antrieb, sie zu verwirklichen. Aus diesem Antrieb heraus wiederum erwächst die Konzentrationsfähigkeit.

Man könnte nun zu dem falschen Schluß gelangen: Je mehr ein Kind frustriert wird, desto selbstbewußter und konzentrationsfähiger wird es. Der Spruch: »Was uns nicht umbringt, macht uns hart« trifft zwar zu, nur darf Härte nicht mit Selbstbewußtsein und Konzentrationsfähigkeit gleichgesetzt werden. Abgehärtete Menschen können – eben weil sie übermäßige Frustrationen abwehren müssen – eine Verbissenheit und einen Fanatismus entwickeln, der manchmal mit Konzentrationsfähigkeit verwechselt wird. Wirkliche Konzentrationsfähigkeit beinhaltet aber immer, daß der Mensch aufgrund seiner inneren Stärke offen und flexibel sein kann.

Die Verinnerlichung von Frustrationen ist also ein zentrales Thema bei der Erziehung von Kindern. Es geht dabei darum, willkürliche und übermäßige Frustrationen zu vermeiden und dem Kind vielmehr zu helfen, die anstehenden unvermeidlichen Frustrationen, die sich aus seiner persönlichen Lebensgeschichte ergeben, annehmen zu können.

Konzentrationsfähigkeit, die wir brauchen, um uns auf einer höheren Ebene verwirklichen zu können, ist also von der Stärke unseres Selbstbewußtseins abhängig. Aber nicht nur die Konzentrationsfähigkeit, sondern auch die eingangs beschriebene Fähigkeit, sich unwillkürlich und spontan zu konzentrieren, wird von einem Mangel an Selbstbewußtsein beeinträchtigt. So leiden Menschen, die sich schlecht konzentrieren können, auch immer gleichzeitig daran, daß sie in ihren spontanen Reaktionen verzögert sind. Dies kommt dadurch zustande, daß durch das Abwehrverhalten psychische Interaktionen in Gang gesetzt werden, die Zustände von körperlicher Betäubung beziehungsweise Berauschung auslösen. Das heißt, mit seinem Selbstbewußtsein – welches ja auch die neurotische Abwehr veranlaßt – ist der Mensch in einem großen Ausmaß von sich aus in der Lage, seinen Bewußtseinszustand zu verändern, einerseits ihn zu schärfen und sich zu konzentrieren – andererseits ihn zu trüben oder sich gar bewußtlos zu machen. Das Selbstbewußtsein hat bei einem Abwehrvorgang nämlich die Funktion eines Wächters, der durch seinen Alarm im gesamten Organismus einen Abwehrzustand auslöst, der sich gegen ein vermeintlich unverdauliches Stück Realität richtet. Sozusagen zu seinem eigenen Schutz veranlaßt das Selbstbewußtsein einen körperlichen Betäubungszustand.

Zur Unterscheidung von Bewußtsein und Selbstbewußtsein ist hier noch anzumerken, daß das Bewußtsein dem Selbstbewußtsein vorgelagert ist. Die Entstehung von Bewußtsein ist ein Reifungsprozeß, der in den ersten Lebenswochen mit der Reifung der optischen und akustischen Wahrnehmungsfähigkeit beim Säugling einhergeht. Zur Entwicklung von Selbstbewußtsein benötigt der Mensch differenzierte, auf ihn zugeschnittene Zuwendung. Dies scheint für die Entstehung von Bewußtsein nicht unbedingt erforderlich zu sein.

Gegenüber dem bewußten Zustand ist der selbstbewußte Zustand ein selektiver. Ist der bewußte Zustand eine grundsätzliche Bereitschaft zur Wahrnehmung der Realität, so ist der selbstbewußte Zustand eine Aufnahmebereitschaft genau für das, was der Mensch zu diesem Zeitpunkt für seine psychische Weiterentwicklung benötigt. Im selbstbewußten Zustand ist der Mensch aufgrund seines Bewußtseinszustandes – von innen heraus – konzentriert und übt sich dadurch in dieser Fähigkeit, entgegen der Ablenkung durch äußere Reize.

Die Fähigkeit, sich selbst zu organisieren und zu steuern

Mit seinem Selbstbewußtsein beziehungsweise der dadurch ausgebildeten psychischen Selbststruktur erwirbt sich der Mensch nach und nach eine übergeordnete Steuerungsinstanz.

Da er reflektieren kann, hat er die Möglichkeit, sich von den eigenen Gefühlen zu distanzieren. Dadurch kann die Reiz-Reaktionskette, welcher der Mensch aufgrund seines Anteils an der animalischen Natur grundsätzlich unterliegt, unterbrochen werden. Der Mensch hat also im Gegensatz zum Tier nicht nur die Möglichkeit, auf gegebene innere oder äußere Reize unwillkürlich, das heißt instinktiv, zu reagieren. Ist er ausreichend selbstbewußt, kann er über etwas reflektieren und dadurch subjektiv abwägen. Die dem Reiz entsprechende Reaktion verläuft dadurch nicht mehr unwillkürlich und vorgegeben. Ein Mensch ist in der Lage, von sich aus die Erfüllung eines (Trieb)Wunsches aufzuschieben oder auf sie zu verzichten. Er ist seinen primitiven Wünschen nicht mehr länger ausgeliefert, sondern kann sich, um eine höhere Stufe seiner Selbstverwirklichung zu erlangen, darüber hinwegsetzen. Er kann sich selbst übergeordnete Ziele setzen und diese verfolgen. Je selbstbewußter ein Mensch ist, desto besser wird ihm dies gelingen.

Da uns unser Selbstbewußtsein von unwillkürlichen Reiz-Reaktions-Ketten befreit, muß es aber als Ersatz dafür selbst als Organisationsinstanz fungieren. Dadurch haben wir einen freieren Willen als die Tiere, sind aber dazu verurteilt, in einem größeren Ausmaß uns selbst organisieren und steuern zu lernen. Da unser Selbstbewußtsein oder auch ein Mangel daran körperliche Funktionen beeinflußt, spielt das Lernen, uns selbst zu organisieren und zu steuern, eine wichtige Rolle bei der Entwicklung, Organisation und Funktion unseres Gehirns. Inwieweit dieses übergeordnete psychische Zentrum, wo alle Wahrnehmungen eines Menschen wie Fäden zusammenlaufen und dort eine einheitliche Bewertung erfahren, direkt an den Körper gekoppelt ist, ist heute noch weitgehend unklar. In der modernen Neuroforschung gelangen in den letzten Jahren spektakuläre Einblicke in den komplexen Aufbau der Nervenzellen im menschlichen Gehirn, und man ist bemüht, eine immer genauere Landkarte unseres Gehirns zu erstellen. Ein organisches Zentrum, das für die psychische Steuerung des Menschen zuständig sein könnte, wurde aber nicht gefunden. Es scheint also, als habe das Selbstbewußtsein – die Instanz, durch die wir aufnehmen, ordnen, uns und unsere Umwelt organisieren und bewerten – keinen bestimmten Sitz im Körper, der von den Wissenschaftlern festgestellt und untersucht werden könnte. Vielmehr trägt wahrscheinlich der gesamte menschliche Organismus zur Verdichtung einer letztlich psychischen Instanz »Selbstbewußtsein« bei und ist andererseits wieder selbst von den Wirkungen des Selbstbewußtseins betroffen. Kraft seines Selbstbewußtseins kann der Mensch bewußt auf seine psychische und körperliche Entwicklung Einfluß nehmen. Nachdem der Mensch sich selbst erkannt hat, wählt er aus und setzt Schwerpunkte für seine Entwicklung. Durch die Erfahrung seiner Neigungen ist es ihm möglich, in den unterschiedlichsten Lebensbereichen positiv auf seine Entwicklung einzuwirken. Er kann seine musikalische Begabung fördern, die für ihn passende Sportart finden, im Beruf seine Berufung verwirklichen, durch die Wahl des richtigen Partners eine glückliche Beziehung aufbauen und durch die für ihn bekömmliche Ernährung zu seiner körperlichen Gesundheit beitragen. Durch eine positive psychische Entwicklung unterstützt der Mensch mehr oder weniger unbewußt gleichzeitig auch immer seine körperliche Gesundheit und Widerstandskraft.

Wer Schwerpunkte setzt, darf aber nicht mit demjenigen verwechselt werden, der aus Mangel an Selbstbewußtsein auf ein bestimmtes Verhalten fixiert ist. Eine solche Fixierung hat immer Suchtcharakter und ist vielleicht damit am passendsten zu beschreiben, daß ein Mensch aufgrund seines Mangels an Selbstbewußtsein immer wieder den gleichen Fehler macht. Er lebt dadurch lange Zeit gegen »seine eigene Natur« und fügt sich meist auch körperlich erheblichen Schaden zu.

Das Selbstbewußtsein hält das psychische Gleichgewicht im Menschen aufrecht. Wenn die steuernde Funktion des Selbstbewußtseins beeinträchtigt ist, leidet der Mensch an den Folgen des psychischen Ungleichgewichts, oftmals auch an deren körperlichen Auswirkungen.

Kulturelle Evolution versus biologische Evolution

Obwohl sich unser Organismus von dem eines Steinzeitmenschen kaum unterscheidet – eine biologische Evolution also kaum auszumachen ist –, haben sich in den vergangenen Jahrtausenden große Fortschritte ereignet. Diese spiegeln sich aber nicht in biologischen Veränderungen wider, sondern in den Erfindungen, die vom Menschen gemacht worden sind. Mit der Entwicklung des Selbstbewußtseins hat sich die Evolution des Menschen vom biologischen Bereich auf den kulturellen verlagert. Es sind nämlich die Funktionen des Selbstbewußtseins, die den Menschen überhaupt zu einer kulturellen Entwicklung befähigt haben. Abstraktes theoretisches Denken und Planen sind nur aufgrund von Reflexion möglich, auch die Entwicklung von Sprache und Schrift steht mit reflexiven Prozessen des Sich-selbst-Erkennens und -Erlebens im Zusammenhang. Nur dadurch kann beispielsweise die im Menschen genetisch angelegte Fähigkeit, Sprachen zu erlernen, abgerufen werden.

Da sich der Mensch im Außen wiedererkennen kann, hat er ganz andere Möglichkeiten als das Tier, sich selbst zu verwirklichen. Das, worin sich der Mensch wiedererkennt, kann nämlich zum Symbol für ihn werden. Diese Fähigkeit, Symbole einzusetzen, ist ein mächtiges Werkzeug, um sich einerseits selbst weiterzuentwickeln, andererseits um auf die Realität Einfluß zu nehmen. Am Anfang standen noch primitive Symbole, in denen sich der Mensch intuitiv wiedererkannte und die magische Wirkung hatten. So sollte etwa ein Stein, der einen Frauenkörper symbolisierte, besondere Fruchtbarkeit bewirken. Mit der Zeit kamen die Menschen dann dazu, Steine und Knochen für kultische Zwecke oder als Werkzeuge zu bearbeiten. Alle Erfindungen, die vom Menschen je gemacht worden sind, gleichgültig ob in kultureller oder technologischer Hinsicht, beruhten letztlich immer darauf, daß einzelne Fähigkeiten, die im Menschen grundsätzlich angelegt sind, in der Außenwelt aufgefunden und weiterentwickelt wurden. So geht beispielsweise die Erfindung von Waffen darauf zurück, daß der Mensch seine Fähigkeit zu kämpfen durch »verlängerte Arme« verbesserte.

Die erfinderischen Fähigkeiten des Menschen haben gerade in den letzten Jahrzehnten stark zugenommen. Zur Verbesserung der Fähigkeit zu addieren wurde schließlich der Computer erfunden. Ein Computer ist im Grunde genommen nur ein Rechner, der addieren kann. Diese Fähigkeit wurde aber im Außen so perfekt erfunden, daß der

Computer seine simple Aufgabe mittlerweile mit einer solchen Geschwindigkeit erledigen kann, daß er damit auch komplizierte bildgebende Verfahren ausführen kann. Die vom Computer und den immer komplexeren Programmen geschaffenen Fakten wiederum wirken auf das Bewußtsein des Menschen zurück. Der Mensch wird dadurch angeregt, sich neu zu definieren und sich weiterzuentwickeln.

Mittlerweile befinden wir uns auf einem technologischen Entwicklungsstand, wo die Versuchung groß ist, den Computer mit dem menschlichen Gehirn gleichzusetzen. Dabei darf aber die wichtige Tatsache nicht übersehen werden, daß ein Computer kein Selbstbewußtsein entwickeln kann. Zwar kann der Organismus des Gehirns mit der Hardware eines Computers verglichen werden und die Denkprozesse eines Menschen als Software – als Programme für den Computer – angesehen werden. Aber eine Instanz, die dem Selbstbewußtsein des Menschen entspricht, darf nicht in den Computer »hineininterpretiert« werden. Man muß sie sich immer als den Menschen vorstellen, der vor dem Computer sitzt und ihn bedient.

Würde dem Computer selbst die Fähigkeit zur einheitlichen Bewertung – also die Funktion eines menschlichen Selbstbewußtseins – zugeschrieben werden, hätte dies die Entwicklung einer negativen Eigendynamik zur Folge. Es wäre eine Überschätzung der Anwendbarkeit einer vom Menschen erfundenen Technik, und diese beruht immer auf der Abwehr einer emotionalen Antwort bei der Betrachtung des Geschaffenen. Zwar kann eine emotionslose Betrachtungsweise – der sogenannte »kühle Kopf« – den Fortschritt in wissenschaftlicher Hinsicht stellenweise begünstigen, andererseits hat auf längere Sicht das Fehlen einer stimmigen emotionalen Bewertung immer Unstimmigkeiten zur Folge. Diese zeigen sich in Form von unvorhergesehenen Komplikationen, die sozusagen durch die Hintertür einfallen.

Überschätzt also der Mensch die Bedeutung seiner Erfindungen und betrachtet er sie als etwas Absolutes und Endgültiges, besteht die Gefahr, daß sich auf einem anderen Gebiet bereits von ihm unbemerkt eine Katastrophe zusammenbraut und ihn eines Besseren belehrt. Aus der bisherigen Geschichte können wir jedenfalls lernen, daß es zum Fortschritt gehört, daß wir nie bei der letzten Weisheit ankommen, daß nichts absolut, sondern alles vorübergehend ist, deshalb auch Symbole und technische Erfindungen mit der Zeit ihre Wirkung verlieren und durch neue abgelöst werden müssen.

Ein hoher technologischer Entwicklungsstand ist an die nachfolgenden Generationen überlieferbar und kann von ihnen weiterentwickelt werden. Das bedeutet, daß nicht jede Generation von neuem beginnen muß, sondern Erfindungen übernehmen und darauf aufbauen kann. Was aber immer wieder entwickelt werden muß, um das Erbe der Väter wirklich übernehmen zu können, ist das Selbstbewußtsein. Dieser Umstand wird heutzutage möglicherweise in seiner Bedeutung unterschätzt.

Nur solange es der Mehrheit einer nachfolgenden Generation möglich ist, selbstbewußt neu zu bewerten, kann es zu einer kulturellen Weiterentwicklung kommen. Jede Generation muß sozusagen in einer eigenen »inneren« Landkarte ein Abbild der gegebenen äußeren Realität erstellen. Ein wirklicher Fortschritt kann immer nur von Menschen vorangetrieben werden, die über besonders stimmige »innere« Landkarten verfügen, und sich damit ihren Zugang zur Realität entwickelt haben.

Aber auch für den durchschnittlichen Menschen, der keine großen Erfindungen macht, ist das Erstellen einer

»inneren« Landkarte von großer Bedeutung. Diese kann sehr einfach sein, das heißt, nicht jeder Mensch muß in einer hochtechnisierten modernen Welt, um sinnvoll leben zu können, »high tech« verstehen. Er muß aber, um sich in der Welt zurechtfinden zu können, die allernötigsten Orientierungspunkte für sich stimmig eingezeichnet haben. Die »innere« Landkarte entspricht der psychischen Struktur eines Menschen, und das Selbstbewußtsein ist die Fähigkeit, diese zu benutzen und sie fortlaufend auf den neuesten Stand zu bringen. So stellt das Selbstbewußtsein die Fähigkeit des Menschen dar, sich in der äußeren Welt richtig orientieren zu können. Es wird dadurch zum Kompaß für die Weiterentwicklung sowohl für den einzelnen als auch für die gesamte Gesellschaft.

Aufgrund des hohen technologischen Entwicklungsstandes der Menschheit ist es heute eine zwangsläufige Erscheinung, daß immer differenziertere, umfangreichere und nach wissenschaftlichen Kriterien genauere »äußere« Landkarten von der Realität gezeichnet werden. Waren es in früheren Zeiten beispielsweise geographische Landkarten, die von der Absicht des Menschen zeugten, die Welt zu entdecken, versucht der Mensch heute, die Entdeckung der Welt im Gehirn zu vollziehen. Darum entspricht das Anfertigen von »äußeren« Landkarten heute einem sogenannten »mind-mapping«, einem Erstellen immer genauerer Landkarten über das menschliche Gehirn. Es darf dabei nicht aus den Augen verloren werden, daß es sich bei diesen »mind-maps« der Wissenschaftler aber immer noch um »äußere« Landkarten handelt und das Erstellen von »inneren« Landkarten dadurch nicht ersetzt werden kann.

Die eigentliche Grundlage für den Fortschritt muß also im Inneren – im Selbstbewußtsein – des Menschen liegen. Verlagert er sich zu sehr nach außen, ist dies ein Anzeichen dafür, daß Orientierungslosigkeit eingetreten ist mit der Folge einer bedrohlichen Eigendynamik der technologischen Entwicklungen. Gerade in unserer hochtechnisierten Zeit ist dies zu einem brisanten Thema geworden. Es scheint oft nicht gerade naheliegend zu sein, daß dies alles mit der Entwicklung des Selbstbewußtseins des Menschen zu tun haben könnte.

Selbstbewußtsein löste die kulturelle Evolution des Menschen aus, und wir müssen auf dieser selbstbewußten, reflexiven Ebene weitergehen, um den Fortschritt aufrechtzuerhalten. Nur wenn die geheimnisvolle, unendlich komplexe und bislang unerforschbare Kraft des Selbstbewußtseins immer wieder zur Wirkung gelangt, vermag der Mensch aus den Sackgassen herauszufinden, in die er sich im Verlauf seiner psychischen Entwicklung verrennt. Solange die Möglichkeit besteht, daß der Mensch sich selbst noch als einen »Irrenden« wahrzunehmen vermag, können solche Abstecher in Sackgassen lehrreich und deshalb für die Gesamtentwicklung förderlich sein. Hat sich bereits ein negativer Regelkreis und deshalb eine große Desorientierung eingestellt, wird allerdings das Erkennen der eigenen Irrtümer immer schwieriger. Die Unfähigkeit, die Zeichen der Zeit richtig zu deuten, führt dazu, daß der Mensch sich noch weiter verrennt. Ob und inwieweit sich der moderne Mensch aufgrund von Fehleinschätzungen seiner technischen Erfindungen in einer Sackgasse befindet, ist schwer abzuschätzen. Wenn ein Mangel an Selbstbewußtsein sich zunehmend ausbreitet und die Abwehr von Emotionen auf dem Vormarsch ist, dann müssen wir die spektakulären technologischen Errungenschaften der letzten Jahrzehnte kritisch betrachten.

Einerseits haben wir heute als ein prototypisches Bild des modernen Menschen – das besonders auf die Jugend eine Anziehungskraft ausübt – das Bild des »coolen« Menschen. Sein Merkmal ist, daß er geradezu ein Meister im Abwehren von Gefühlen ist und sich dadurch perfekt verstellen kann. Er strebt es geradezu an, sich selbst und den anderen lückenlos etwas vorzumachen, über den Dingen zu stehen und den großen Überblick zu haben.

Andererseits hat sich parallel dazu aber auch in den letzten Jahrzehnten eine verstärkte Sehnsucht des Menschen nach stimmigem Selbsterleben eingestellt. Spirituelle Erfahrungen sind in breiten Bevölkerungsschichten in ihrem Kurs hoch angestiegen. Noch nie zuvor haben so viele Menschen von sich aus die unterschiedlichsten Selbsterfahrungsgruppen gesucht. Der Markt, der sich aufgrund dieser Nachfrage entwickelt hat, ist bereits überaus vielfältig und scheint zuweilen unerschöpflich zu sein. Das Angebot reicht von Workshops über Schamanismus, Geistheilen, über die Spiritualität einer Hildegard von Bingen bis hin zu fernöstlichen Meditationen. Bei genauerer Betrachtung bieten fast alle diese Techniken im Grunde genommen ein und dasselbe an, nämlich die Vergrößerung des Selbstbewußtseins. Ob der Mensch mittels einer dieser Techniken zu mehr Erleuchtung und dadurch zu mehr Orientierung gelangen kann, darüber entscheidet die Ausbaufähigkeit seines individuellen Selbstbewußtseins. Ein nicht zu unterschätzender Aspekt bei dieser Suche nach dem eigenen Selbst ist auch der Wunsch nach verlorengegangenen moralischen Maßstäben.

Die »Erfindung« moralischer Gebote ist ebenfalls Ausdruck des Selbstbewußtseins und entspringt der im Menschen angelegten Fähigkeit, moralisch zu fühlen und sich moralisch verhalten zu können. Ursprünglich begann der Mensch Rituale einzuführen und Mythen zu erfinden, um sich zu orientieren und abzusichern. Dies war eine Technik, der psychischen Bedrohung angesichts chaotischer äußerer Zustände Herr zu werden.

Indem der Mensch in der Natur oder in seinen Mitmenschen Aspekte der ihm selbst innewohnenden emotionalen Ordnung erkannte, diese dann schwerpunktmäßig im Außen betonte und sich dann wiederum der von ihm erfundenen Ordnung unterwarf, verankerte er dadurch seine psychische Stabilität. Später erfand der Mensch anhand dieser Technik Religionen, Gesetze und Ideologien, um sich mit deren Hilfe vor seinen eigenen bedrohlichen Schattenseiten zu schützen. Genauso wie für Erfindungen auf dem Gebiet der Technik gilt für die Erfindungen, die die Moral betreffen, daß sie vom Menschen nicht absolut gesetzt werden dürfen. Das heißt, daß moralischen Geboten niemals eine absolute Wahrheit zugesprochen werden kann (Aristoteles). Das ist deshalb unmöglich, weil der Mensch grundsätzlich unfähig ist, sich sozusagen im Außen selbst ganz zu »erschaffen«, sei es nun in einer Theorie oder in einer Maschine. Der Mensch kann immer nur Teile, das heißt Aspekte seiner selbst in der Realität finden und dadurch erzeugen. Ein in sich stimmiges Wiedererkennen in der Realität beinhaltet also zwangsläufig, daß der Mensch sich dabei nie ganz und vollständig wiedererkennt. Nur so kann eine fortschrittliche psychische Dynamik aufrechterhalten bleiben und damit ebenfalls die Formbarkeit des Selbstbewußtseins. Glaubt der Mensch fälschlich, sich vollständig in der Realität wiederzuerkennen, so ist dies bereits einen Mangel an Selbstbewußtsein.

Was auf die Bedeutung des Selbstbewußtsein im Hinblick auf die kulturelle Entwicklung der Menschheit zutrifft, gilt ebenso für die Entwicklung des einzelnen Menschen.

Das heißt, die psychische Entwicklung jedes einzelnen Menschen ist an die Entwicklung seines Selbstbewußtseins gebunden. Diese wiederum ist an ein sich Wiedererkennen in der Realität gekoppelt. Als Säugling erkennt sich der Mensch in den ersten wichtigen Bezugspersonen wieder, von denen er zu diesem Zwecke anfänglich stimmig emotional gespiegelt werden muß. Erst später kann er sich in der Realität wiedererkennen und eigenständig Selbstbewußtsein entwickeln. So baut Selbstbewußtsein stets auf dem bereits vorhandenen Selbstbewußtsein auf, es ist aber auch gleichzeitig die Folge von Selbstbewußtsein. Dieser Umstand verleiht dem Menschen im Verlauf seiner psychischen Entwicklung die Möglichkeit, sich immer wieder neu aus sich selbst heraus zu erschaffen.

Die Selbsterkenntnis und das Selbstbewußtsein eines Menschen können nie vollständig sein. Im Leben eines Menschen eröffnen sich vor dem Hintergrund einer sich ständig verändernden Realität immer neue Möglichkeiten, um sich bewußt neu erleben zu können. Es bleiben immer noch Facetten und Aspekte übrig, die es über sich selbst zu erfahren gibt. Dies bedeutet, daß die psychische Entwicklung eines Menschen zu keinem Zeitpunkt seines Lebens abgeschlossen ist.

Es ist dieser Umstand, der für den Menschen den Antrieb darstellt, sich psychisch immer weiter zu entwickeln – der Motor für unsere fortlaufende kulturelle Evolutionsgeschichte.

Literatur

Bauriedl, T., Beziehungsanalyse. Frankfurt a. M., Suhrkamp, 1980.

Bowlby, John, Trennung. Frankfurt a. M., Fischer, 1986.

Bruch, H., Eßstörungen. Frankfurt a. M., Fischer, 1991.

Davanloo, H., Der Schlüssel zum Unbewußten. München, Pfeiffer bei Klett-Cotta, 1995.

Eccles, John, Wie das Selbst das Gehirn steuert. München, Piper, 1994.

Ekstein, Rudolf, Grenzfallkinder, München/Basel, Ernst Reinhardt, 1973.

Erikson, Erik H., Kindheit und Gesellschaft. Stuttgart, Klett-Cotta, [13]1999.

Freud, Sigmund, Vorlesungen zur Einführung in die Psychoanalyse und neue Folge. Band 1, Frankfurt a. M., Fischer, 1989.

Freud, Sigmund, Schriften zur Behandlungstechnik. Ergänzungsband. Frankfurt a. M., Fischer, 1989.

Freud, Sigmund, Hemmung, Symptom und Angst. In: Studienausgabe VI, Hysterie und Angst, Frankfurt a. M., Fischer, [8]1994, S. 227–308.

Jung, C. G., Bewußtes und Unbewußtes. Frankfurt a. M., Fischer, 1957.

Jung, C. G., Über die Grundlagen der analytischen Psychologie. Zürich/Stuttgart, Rascher, 1969.

Kaplan, Louise J., Die zweite Geburt. München, Piper, 1981.

Klein, Melanie, Das Seelenleben des Kleinkindes und andere Beiträge zur Psychoanalyse. Stuttgart, Klett-Cotta, [5]1992.

Mahler, M., Symbiose und Individuation. Stuttgart, Klett-Cotta, [7]1998.

Richter, Horst-Eberhard, Eltern, Kind und Neurose. Reinbek bei Hamburg, Rowohlt, [30]2000.

Riedl, R., Die Strategie der Genesis. München, Piper, 1980.

Sachsse, U., Selbstverletzendes Verhalten. Göttingen, Vandenhoeck & Ruprecht, 1996.

Spitzer, M., Geist im Netz. Heidelberg, Spektrum, 1996.

Stern, D., Die Lebenserfahrung des Säuglings. Stuttgart, Klett-Cotta, [6]1998.

Winnicott, D. W., Von der Kinderheilkunde zur Psychoanalyse. Frankfurt a. M., Fischer, 1983.

Winnicott, D. W., Vom Spiel zur Kreativität. Stuttgart, Klett-Cotta, [9]1998.

Über die Autorin

© Christine Wolf

Renate Hörburger,
geboren 1952, studierte Anglistik, Germanistik,
Psychologie und Pädagogik; Ausbildung zur analytischen
Kinder- und Jugendlichentherapeutin von 1989 bis 1994
am Heidelberger Institut, seit 1994 mit eigener Praxis in
Schwetzingen tätig.